**Luftbildatlas
Entlang der Berliner Mauer**
Karten, Pläne und Fotos

Luftbildatlas
Entlang der Berliner Mauer
Karten, Pläne und Fotos

Hans Wolfgang Hoffmann
Philipp Meuser

Berliner Bezirke zum Zeitpunkt des Mauerbaus
Die farbige Markierung zeigt den Verlauf der
Berliner Mauer von 1961 bis 1989.

Inhalt

Pläne   **Berliner Mauer: Pläne der Stadt seit 1937**   7
         Einführung von Andreas Matschenz   7
         Übersichtsplan der Reichshauptstadt, 1937   8
         Schwarz-Stadtplan von Berlin, 1946   10
         Werbeprospekt *Don't Miss Berlin,* 1951/1953   12
         Befehlskarte des Kommandeurs, 1961   14
         Berlin IRO-Sonderkarte, 1961   16
         Demonstrationsgebiete der IBA, 1982   18
         Schema der räumlichen Gliederung, 1987   20
         Topografische Karte DDR und Berlin (West), 1986/1989   22
         Übersichtskarte Berlin (West) – Übergangsstellen, 1989   24
         Überlagerungskarte der Innenstadt, 1940/1989   26

Orte   **Berliner Mauer: Geschichte in Schauplätzen seit 1948**   29
     01   Checkpoint Bravo   30
     02   Brandenburger Tor   32
     03   Bernauer und Schwedter Straße   38
     04   Leipziger und Potsdamer Platz   44
     05   Checkpoint Charlie   52
     06   Zimmerstraße   58
     07   U-Bahnhof *Bernauer Straße*   64
     08   Oberbaumbrücke   70
     09   Stadtzentrum   78
     10   Garten- und Liesenstraße   82
     11   Axel-Springer-Haus   84
     12   Dreilinden-Drewitz   92
     13   Entenschnabel   100
     14   Mariannenplatz und Engelbecken   104
     15   Bahnhof *Friedrichstraße*   112
     16   Borsig-Wilhelmsruh   116
     17   Glienicker Brücke   120
     18   Lenné-Dreieck und Stresemannstraße   126
     19   Alexanderplatz   134
     20   Bornholmer Straße   138
     21   Platz der Republik   142
     22   East-Side-Gallery   150
     23   Grüntaler Brücke   154
     24   Spreebogen   158
     25   Acker-/Ecke Bernauer Straße   166
     26   Flughafen *Berlin Brandenburg International*   174
     27   Invalidenstraße und Nordhafen   180

Anhang   192

1990

Berliner Mauer:
Pläne der Stadt seit 1937

»Man kann sich die Geschichte länglich denken.
Sie ist aber ein Haufen.«

Thomas Heise, Dokumentarfilmregisseur

Das Zitat von Thomas Heise aus seinem Film »Material« lässt sich trefflich auf das Thema der Berliner Mauerpläne beziehen: Selbstverständlich kann mit der grafischen beziehungsweise kartografischen Darstellung der Berliner Mauer nur unzureichend die Geschichte der Stadt und vor allem des Alltags ihrer Bewohner zwischen 1948 und 1989 dargestellt werden. Jede historische Quelle bietet lediglich einen kleinen Mosaikstein für ein nie zu vollendendes Gesamtbild, auch wenn die Versuchung offensichtlich groß ist, in Jubiläums-Konjunkturen die Geschichte auf einen Punkt (oder eben auf eine Linie) zu reduzieren.

Dazu kommt, dass Karten per Genese eine generalisierte also reduzierte und somit vereinfachte Darstellung erzwingen, um topografische Informationen hoffentlich konzentriert und lesbar zu vermitteln. Sie sind demnach vom ersten Strich bis zur gedruckten oder virtuellen Ausgabe eine Fiktion, die für die Orientierung in der Realität wieder einer Übersetzung bedarf. Eine Besonderheit bilden zudem Grenzdarstellungen: Verwaltungsgrenzen sind in der Regel nicht im Stadtraum oder in der Landschaft zu erkennen; im besten Fall findet sich am Straßenrand ein Hinweisschild. Eine Ausnahme von der Regel war die Berliner Mauer: als martialisches Bauwerk korrespondierte ihre Darstellung zwischen Plan und Stadtbild. Aber auch auf diesen beiden Wahrnehmungsebenen zeigte sich lediglich ein Ausschnitt der Realität (oder retrospektiv der Geschichte), denn »die« Mauer war bekanntlich nur Teil eines tief gestaffelten Grenzregimes, das noch hunderte Meter in die Straßen und bis in die Wohnstuben der Ost-Berliner Bewohner hineinreichte. Ihre alltägliche Dimension durchkreuzte Familien, Liebesbeziehungen und nicht selten die nackte Existenz sowie Zeiträume, alles »ein Haufen« und keine »längliche« Linie der Geschichte.

Die hier vorgestellten Karten können also nur besagte Mosaiksteine bieten. Sie sind chronologisch gereiht, subjektiv ausgewählt und korrespondieren vielleicht zufällig, aber nicht absichtsvoll mit den Texten in diesem Band. Die Auswahl zeigt die administrative Vorgeschichte, eine Vielfalt kartografischer Darstellungen und einen kleinen Ausschnitt kartografischer Instrumentalisierung (vulgo Propaganda) der Berliner Mauer zwischen 1937 und 1989 in Berlin und dann in Ost- und Westberlin. Die nachgewiesenen Maßstäbe beziehen sich selbstverständlich auf die Vorlage und nicht auf die Wiedergabe in dieser Publikation.

Andreas Matschenz

Dieselbe Stadt, veränderte Perspektive: Oder ist es umgekehrt? Die Gucklöcher, die Mauerspechte Anfang 1990 geschlagen hatten, zeigen Berlin im Übergang von der Mauer- zur offenen Stadt. Unter völlig anderen Vorzeichen taten das auch die Kartenwerke, welche in den Jahrzehnten der Teilung entstanden sind.

1937

Übersichtsplan der Reichshauptstadt Berlin mit der neuen Abgrenzung der Verwaltungsbezirke.
Titel der Grundkarte: Straubes Grosse Spezialkarte der Umgegend von Berlin.
Hauptvermessungsamt, Berlin.
Originalmaßstab 1:60.000
Herausgegeben im Mai 1937

Berliner Grenzen von 1937

Im Mai 1937 druckte das Hauptvermessungsamt der Stadt diese Übersichtskarte mit den neuen Grenzen zwischen den Berliner Verwaltungsbezirken – der halbherzige Revisionsversuch eines »Geburtsfehlers« der Stadtgemeindebildung von 1920. Gleichwohl bildeten genau diese neuen Bezirksgrenzen die Grundlage für die Sektoreneinteilung Berlins der Siegermächte ab Mai 1945 (und nicht, wie oft in der Literatur kolportiert, die Grenzen der Stadtgemeinde von 1920) und dann ab 1961 für den Verlauf der Berliner Mauer. Nach den allgemein gehaltenen Formulierungen in den Verhandlungen der Alliierten von Jalta zur Besetzung der ehemaligen Reichshauptstadt konstatierte das Bezirksverfassungsstatut vom 10. Oktober 1945 konkret: »Die Einteilung Berlins in 20 Verwaltungsbezirke und deren bisherige Grenzen bleiben unverändert.« Eine der augenfälligsten Grenzveränderungen betraf übrigens die Abtretung der Dreiecksfläche zwischen Tiergarten und Mitte, die später als »Lenné-Dreieck« in die Geschichte eingegangen ist.

Landesarchiv Berlin, F Rep. 270,
Allgemeine Kartensammlung, A 170

1946

Schwarz-Stadtplan von Berlin
Richard Schwarz, Landkartenhandlung
und Geographischer Verlag
Originalmaßstab 1:25.000
Herausgegeben im Juli 1946

Bezirke werden Besatzungssektoren
Eine der ersten und quasi-amtlichen Berliner Nachkriegskarten kam aus dem traditionsreichen Verlag von Richard Schwarz, der seit etwa 1906 mit seinen ersten Stadtplänen auf dem Berliner kartografischen Markt reüssierte. Der Druck für den abgebildeten Plan erfolgte nicht nur mit der notwendigen Lizensierung durch die sowjetische Zensurbehörde, sondern offenkundig auch mit besonderer Papierkontingentierung der Besatzungsmacht: Er wurde auf Fehldrucken der »Istoria SSSR« (Geschichte der Union der Sozialistischen Sowjetrepubliken) produziert; daher die graubraune Papierfarbe. Neben der deutlichen Markierung und Abgrenzung der Besatzungssektoren sowie dem gut lesbaren Straßenbild sind die wesentlichen administrativen Informationen vor allem zum Verkehrsnetz in einer viersprachigen Legende erläutert. Der Stadtplan erschien noch in mehreren Ausgaben bis etwa 1948 und war der einzige, der den Versuch einer antifaschistischen Revision von Straßennamen aus der NS-Zeit in allen abgebildeten Berliner Bezirken dokumentiert (von denen nur ein Teil auch umgesetzt wurde).

Landesarchiv Berlin, F Rep. 270,
Allgemeine Kartensammlung, A 7997

1951/1953

Don't Miss Berlin. The International City behind the Iron Curtain
(Vergesst nicht Berlin, die internationale Stadt hinter dem Eisernen Vorhang)
Werbeprospekt, ohne Maßstab
Herausgegeben etwa 1951 bis 1953

Miss Berlin hinter dem Eisernen Vorhang
Bisher ist keine weitere Kartografik bekannt, die so plakativ den »Iron Curtain« im sogenannten Kalten Krieg darstellt. Der aus der Theatertechnik rührende Begriff wurde 1945 von Goebbels erstmals als Metapher für die Nachkriegsordnung geprägt und später von Churchill für die Abschottung der osteuropäischen Staaten in Richtung Westen aufgegriffen. Die Grafik übersetzt schon Anfang der Fünfzigerjahre die Spaltung Berlins ab 1948 mit diesem Bild. 13 Jahre später sollte aus dem Eisernen Vorhang dann die noch monströsere und undurchlässige Mauer entstehen. Aber nicht nur die Abgrenzung beider Teile Berlins wurde stilvoll grafisch übersetzt, sondern auch die besondere Inselsituation der Berliner Westsektoren: »Miss Berlin« sollte nicht nur bei ihren ausländischen und bundesdeutschen Besuchern vor dem Vergessen bewahrt werden, auch die umhüllenden Fahnen der Alliierten (einschließlich der sowjetischen Fahne!) demonstrieren den besonderen Schutzbedarf der westlichen Stadthälfte.

Landesarchiv Berlin, F Rep. 270,
Allgemeine Kartensammlung, A 4288

How about a picture?

Why not a picture of the Russian War Memorial in the British sector? A memorable souvenir of your visit to Berlin. You might be lucky and find the Russian guard smiling.

You are allowed to enter the Russian sector.

In the streets and the Russian-controlled shops (called H.O.) you will notice the vast contrast between life in the Western sectors and that of parts under Eastern dictatorship.

EAST

WEST

1. Airport Tempelhof
2. Airport Gatow
3. Airport Tegel
4. Brandenburg Gate
5. Soviet War Memorial
6. Olympic Stadium

Visit Tempelhof airport

which supplied two million people during the blockade. Onehundredthousand planes landed with provisions and saved the population from starvation.

Tempelhof Airport symbolizes the greatest effort ever made by the Western Allies to save civilization.

Are you aware

that West Berlin is the only place where you can meet your business friends or relatives from the Russian-controlled Zone without hindrance? Take the opportunity to invite your friends to come to West Berlin, and let them recount their experiences under Russian dictatorship.

Berlin by night

Western Berlin is today again a capital. The Kurfuerstendamm, the most famous street in Germany is a mass of Neon lights by night. West Berlin offers you the advantages of any capital city. The world famous opera, the theatre, cabaret and concert as well as the well known Berlin Philharmonic Orchestra offer to visitors the opportunity to enjoy art in its many forms in West Berlin.

Printed in Germany

1961

Befehlskarte des Kommandeurs der bewaffneten Kräfte im Raum Berlin für den Einsatz des Sicherheitskommandos
Originalmaßstab 1:25.000
Herausgegeben im Sommer 1961

»Niemand hat die Absicht, eine Mauer zu errichten!«
Auch noch am 15. Juni 1961 versuchte Walter Ulbricht mit diesen Worten die Gerüchte über einen Mauerbau zu zerstreuen. Gleichwohl lagen die detaillierten Planungen für ein undurchlässiges Grenzregime (natürlich) schon lange vor dem 13. August 1961 in der Schublade. Die hier abgebildete militärtaktische Karte aus dem Ost-Berliner VP-Präsidium dokumentiert diese frühzeitigen Planungen. Auf dem bandartigen und topografisch stark reduzierten Kartenbild wurden handschriftlich die strategisch sensiblen Bereiche markiert beziehungsweise die dort zu konzentrierenden »Sicherungskräfte« aus Polizei und sogenannten Kampfgruppen. Obwohl die Karte mit militärkartografischen Symbolen nur sperrig zu lesen ist, sind schon hier zwei besondere Merkmale des Mauerbaus deutlich zu erkennen: Sie war nach innen gerichtet (und kein »Antifaschistischer Schutzwall«) und sie bildete schon frühzeitig ein tief gestaffeltes Grenzregime, nicht »nur« eine solitäre Mauerlinie.

C Rep. 303 (Karten),
Präsidium der Volkspolizei Berlin, Nr. 1

1961

Berlin IRO-Sonderkarte
Bearbeiter: Prof. Dr. G. Fochler
Herausgeber: Dr. Ernst Kemmling
Sonderkarte des Presse- und Informations-
amtes Berlin
Originalmaßstab 1:67.000 (Hauptkarte)
Herausgegeben 1961

Eingemauerte Insel

Ab 1962 und bis 1969 publizierte das Informationsamt des Berliner Senats auf der Grundlage aus dem IRO-Verlag diese Karte für die Besucher Westberlins. Neben einer Vielzahl an rückseitigen Statistiken, Kartografiken und viersprachigen Erläuterungen zur Versorgungs- und Verkehrssituation der Stadthälfte fällt vor allem die martialische Darstellung der Mauer ins Auge. Interessanterweise korrespondiert diese Darstellung mit der ostdeutschen Propaganda und suggeriert mit Stacheldraht und gemauerter Grenze, dass die Mauer nach außen beziehungsweise gegen den Westen gerichtet war. Trotz dieses propagandistischen Fokus bleibt der touristische Hintergrund der Kartenproduktion deutlich erkennbar: Es finden sich sowohl für den West- als auch für den Ostteil touristische Hinweise; die verschiedenen Grenzübergänge, Hauptstraßen und Verkehrslinien, aber auch die Westberliner Exklaven auf ostdeutschem Terrain sind gut zu erkennen.

Landesarchiv Berlin, F Rep. 270,
Allgemeine Kartensammlung, A 8396

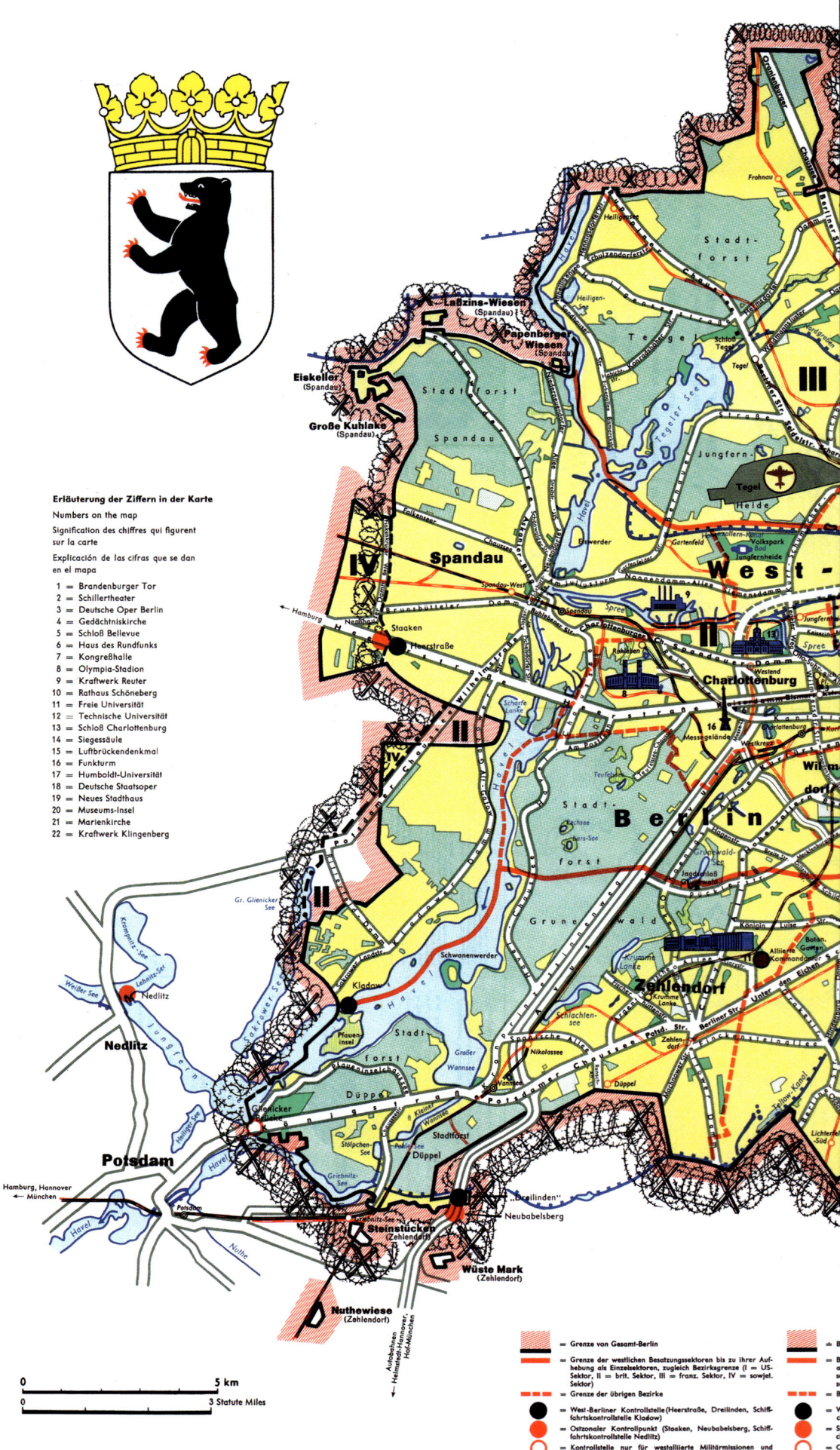

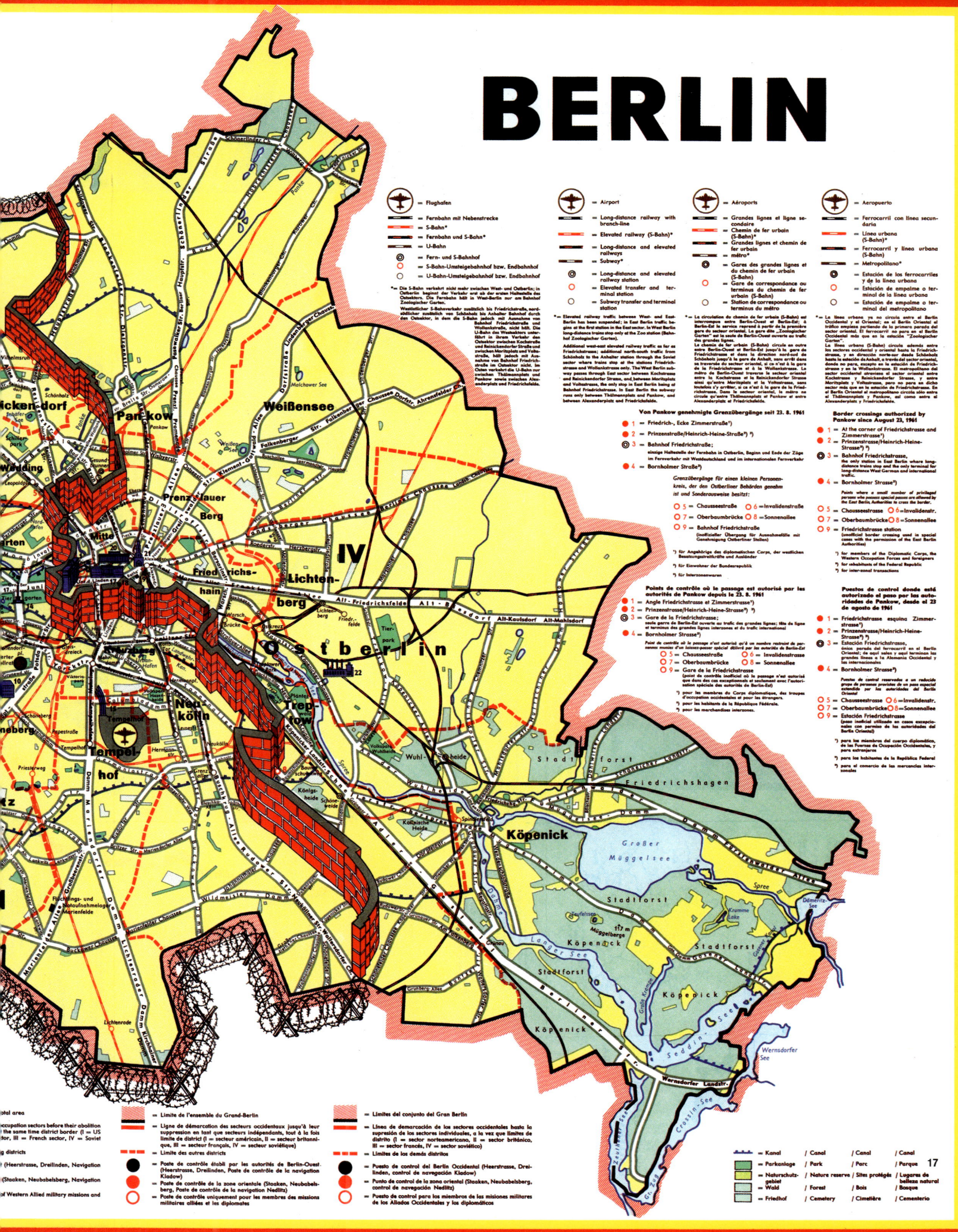

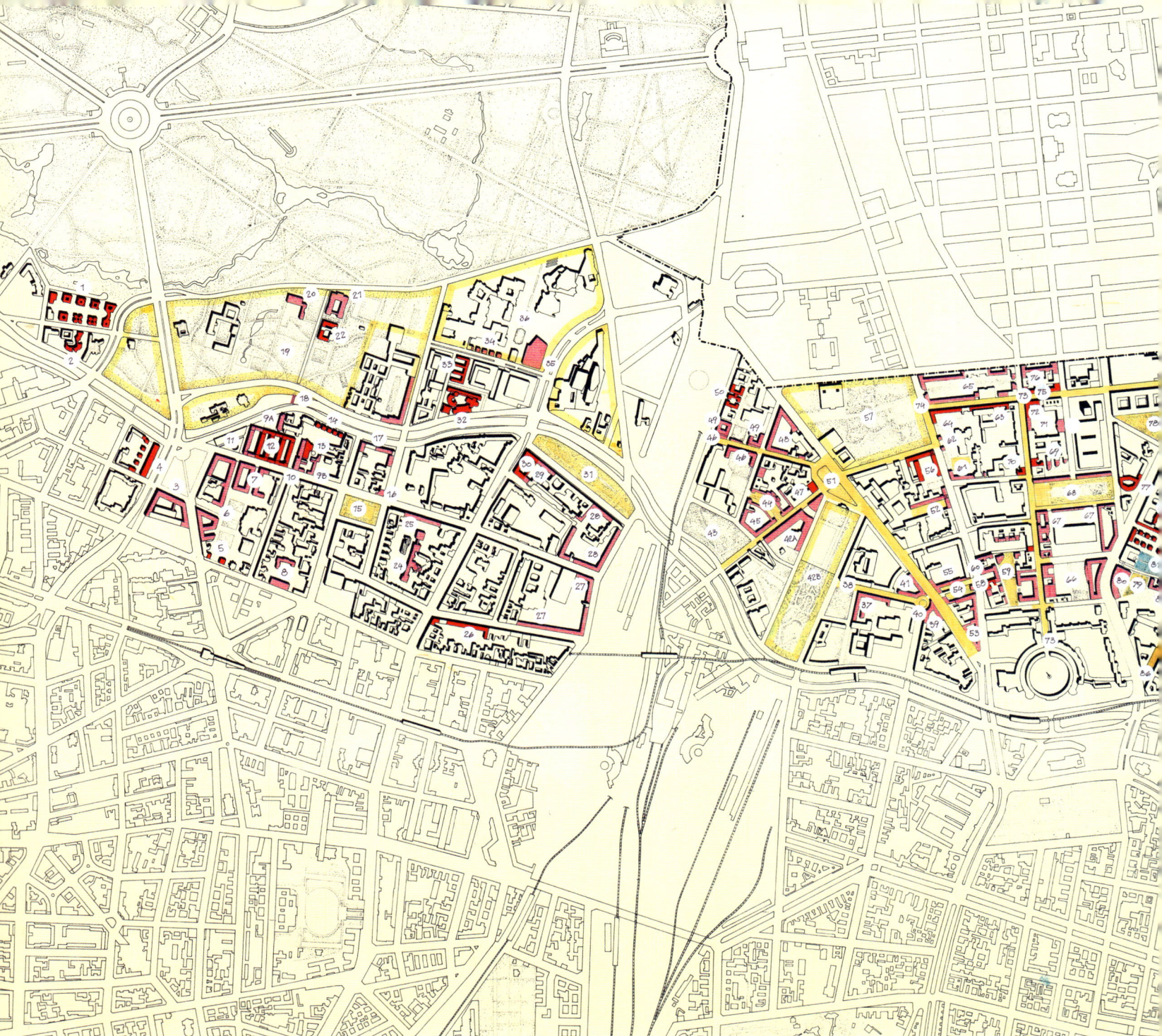

1982

Demonstrationsgebiete der Internationalen Bauausstellung (IBA)
Übersichtsplan ohne Maßstab
Stand Oktober 1982

Stadtplanung entlang der Mauer (West)
Mit den Planungen einer Internationalen Bauausstellung begann der Berliner Senat schon ab etwa 1978; zur Präsentation sollte es ursprünglich 1984, dann aber erst zur 750-Jahr-Feier der Stadt 1987 kommen. Die Bauausstellung versuchte einerseits, die internationalen Impulse in Architektur und Stadtplanung aufzunehmen, und andererseits, eine originäre Berliner Lösung für die drängenden Probleme im Städtebau zu finden. Vergleichbar mit der INTERBAU 1957, also dem Aufbau des neuen Hansaviertels, wurde mit der IBA 1987 ebenso ein westlicher Gegenentwurf zur östlichen Stadthälfte präsentiert und propagiert. Der vorliegende Plan zeigt die sogenannten Demonstrationsgebiete vom Tiergarten bis Kreuzberg dicht entlang der Mauer und noch ohne die Projekte Prager Platz und Tegeler Hafen. Der westliche Teil des Übersichtsplans bis Mehringplatz und Ritterstraße bildet die Neubau-Projekte ab, darauf beziehen sich auch die Legende und die fortlaufende Nummerierung im Plan. Der östliche Teil ab dem Luisenstädtischen Kanal und bis zur Grenze nach Treptow, also wesentliche Flächen von Kreuzberg, zeigt die Projekte der Altbausanierung; die dort eingefügten Ziffern bleiben ohne Kommentierung in der Legende. Dieser Teil der IBA, geleitet von Hardt-Walther Hämer sowie mit den Forschungen von Jonas Geist verbunden, ging mit der deutlichsten Kehrtwende im Berliner Städtebau einher: weg vom Flächenabriss und hin zur Behutsamen Stadterneuerung. Und in diesem Planungsfeld wurde auch erstmals wieder die Mauer übersprungen, indem sich die Akteure aus Ost mit den Akteuren aus West trafen und intensiv fachlich austauschten.

Landesarchiv Berlin, B Rep. 168 (Karten), Nr. 1392, Bl. 1 + 2

1987

**Stadtstruktur – Schema der räumlichen Gliederung und Entwicklung der Stadt
Karte der Flächennutzung**
Magistrat von Berlin, Bezirksbauamt, Chefarchitekt
Druck: Druckerei Leipziger Volkszeitung
ohne Maßstab
Herausgegeben im Januar 1987

Stadtplanung entlang der Mauer (Ost)

In einem 32 Seiten umfassenden Heft und nach den Vorgaben des SED-Politbüros »Grundsätze für die sozialistische Entwicklung von Städtebau und Architektur in der DDR« von 1982 entworfen, finden sich der hier abgebildete Plan sowie das Funktionsschema. Die modernen und gut lesbaren Grafiken zeigen in großer Informationsfülle den Ostteil Berlins mit den angrenzenden Flächen zum Bezirk Potsdam (heute Land Brandenburg), aufgeladen mit Fachtermini der Stadtplanung (»Ostraum« etc.). Wenig überraschen dürfte die Darstellung von Westberlin als weiße Terra incognita, die hier nicht einmal einer namentlichen Erwähnung wert ist. Gleichwohl beziehen sich beide Kartografiken inhaltlich genau auf diesen Teil Berlins: Die Planungsgrenze ist identisch mit der fetten Liniensignatur der »Staatsgrenze« und sowohl die räumliche Gliederung als auch die Flächennutzung bilden gleichsam Teile einer unvollendeten Planungstorte.

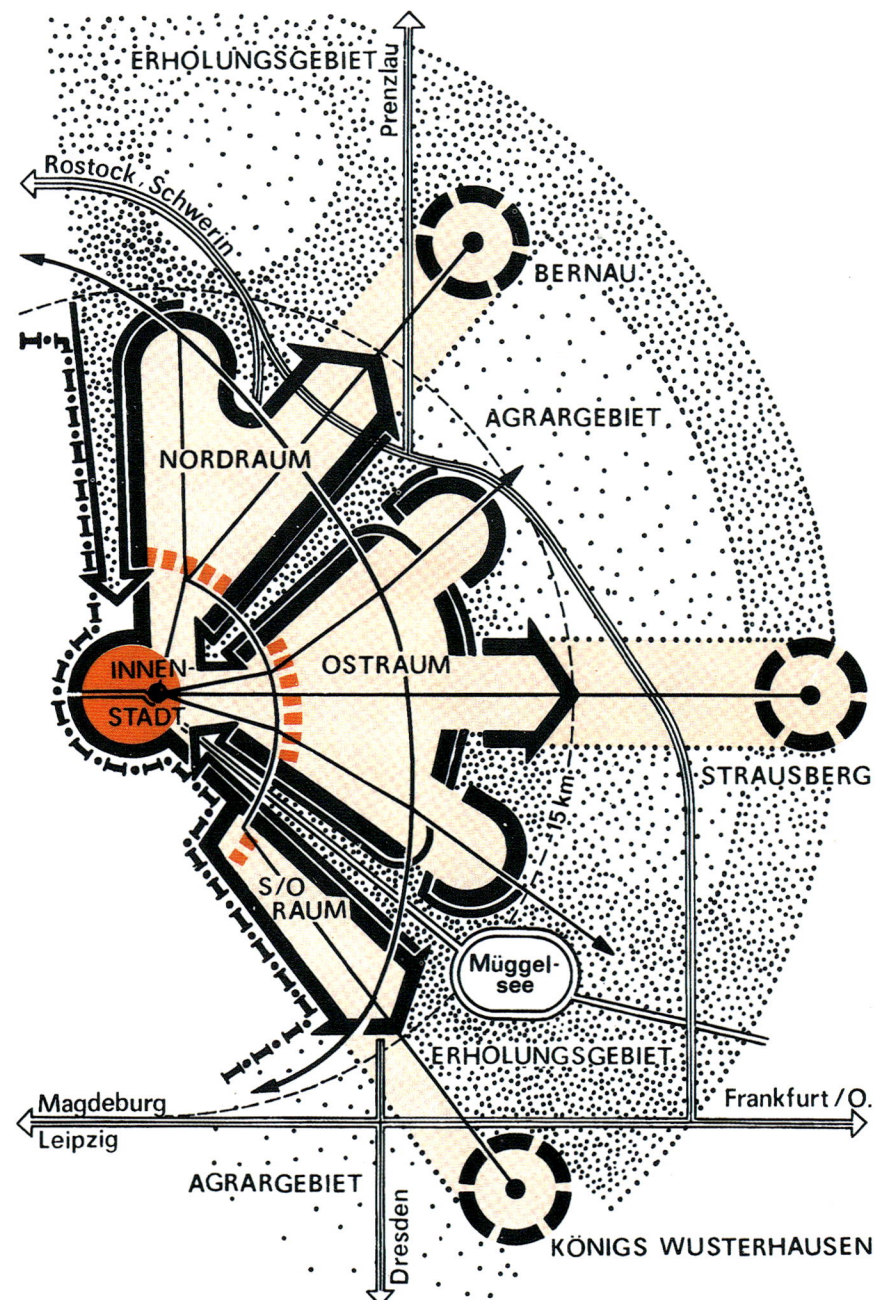

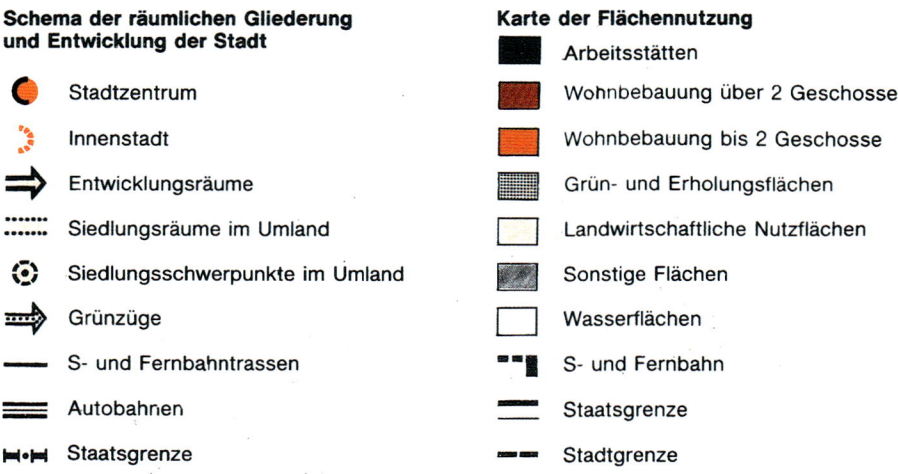

Landesarchiv Berlin, F Rep. 270, Allgemeine Kartensammlung, A 12202

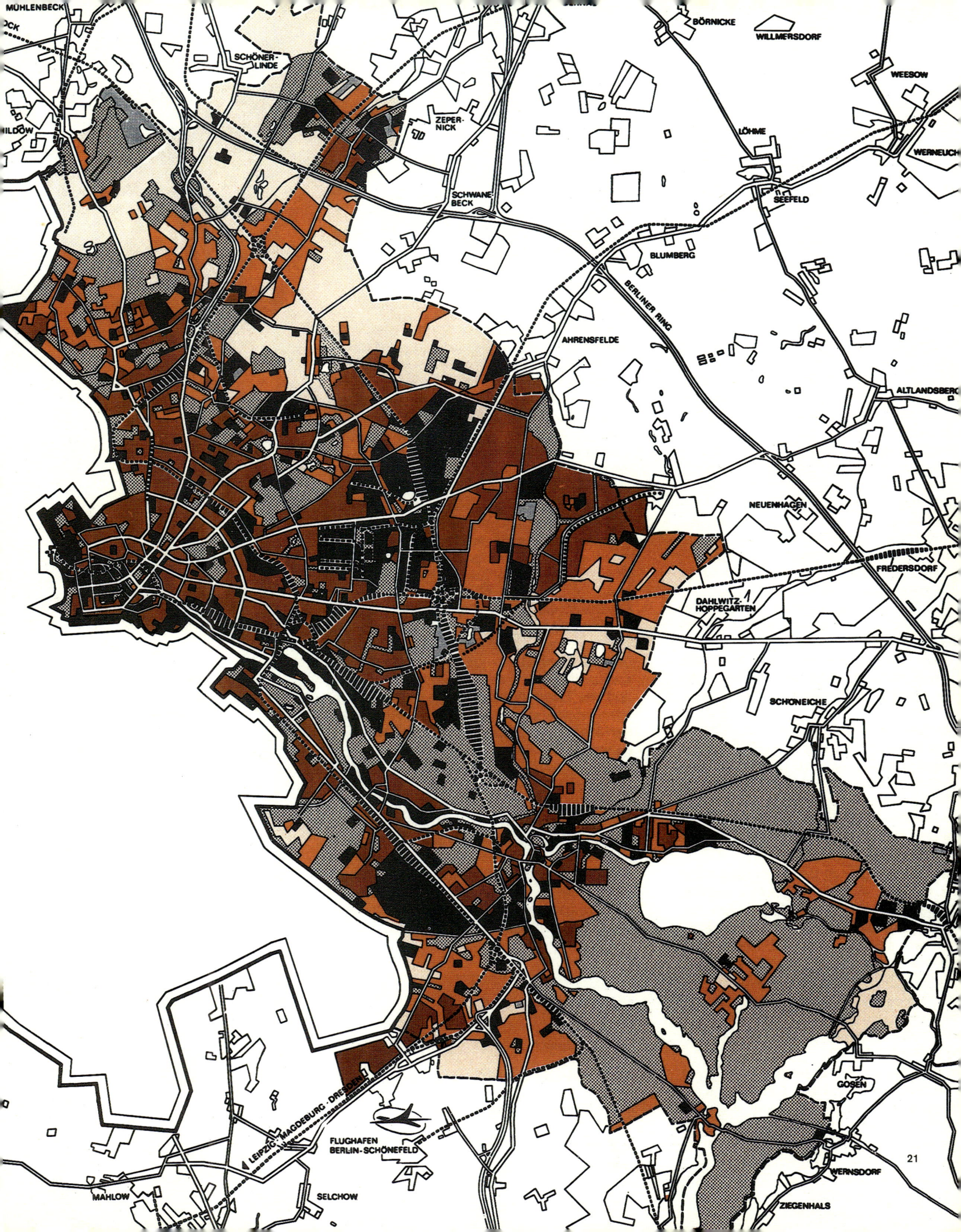

1986/1989

Topografische Karte (zweisprachig) DDR, Berlin (West) N-33-XXVII Berlin
Ministerium für Nationale Verteidigung, Militärtopographischer Dienst
Originalmaßstab 1:200.000
Herausgegeben 1986 (Nachdruck 1989)

In unverbrüchlicher Freundschaft
Noch 1989 produzierte der Militärtopographische Dienst der DDR die abgebildete Karte, wenige Monate später waren die ursprünglich streng geheimen Blätter nur noch Makulatur und schwemmten massenweise auf den Antiquariatsmarkt. Auf dem Kartenblatt ist die sozialistische Welt noch heil, wenn auch nicht sonderlich ansprechend gestaltet: »Berlin (West)« ist deutlich von der Mauer umfasst und das historische Toponym »Berlin« wird wie selbstverständlich von Ost-Berlin beansprucht (der Zusatz »Hauptstadt« konnte damit platzsparend entfallen). Der militärische Hintergrund der Karte wird insbesondere durch die zusätzliche russische Bezeichnung der Ortsnamen deutlich; es war die Manöversprache des östlichen Militärbündnisses der Staaten des Warschauer Vertrags. Auch die kartografischen Signaturen und der Kartenschnitt hatten sowjetische Wurzeln: Schon Anfang der Vierzigerjahre produzierten die sowjetischen Militärtopografen Kartenblätter in diesem Duktus, übrigens auch schon Ausgaben von Berlin und Umgebung. In den folgenden Jahrzehnten wurden sukzessive die maßgeblichen Kartenwerke im sozialistischen Militärbündnis in diese Form und bezogen auf das sogenannte Krassowski-Ellipsoid umgestellt.

Landesarchiv Berlin, F Rep. 270,
Allgemeine Kartensammlung, A 241, Bl. 32

1989

Übersichtskarte Berlin (West) – Übergangsstellen
Stand: 1. Dezember 1989
Herausgegeben vom Senator für Bau- und Wohnungswesen V
Druck: Institut für Angewandte Geodäsie, Außenstelle Berlin
Originalmaßstab 1:50.000

Mauer am Übergang
Auch wenn die Fernbeben aus Ungarn spürbar die Auflösung des östlichen Systems ankündigten, der rasche und zudem friedliche Fall der Berliner Mauer überraschte letztlich doch sämtliche Akteure und Zuschauer. Er forderte ungewöhnliche und sehr schnelle Entscheidungen, die nicht immer »nachhaltig« waren. Von dieser Improvisationszeit kündet der abgebildete Plan: Auf der Grundlage der mehrere Jahrzehnte produzierten, amtlichen »Übersichtskarte von Berlin (West)«, hier die Ausgabe 1988, wurden in einem zweiten Druckvorgang die Grenzübergänge noch einmal besonders hervorgehoben. Sie waren für kurze Zeit die hochsensiblen Nadelöhre für eine strapazierte Verkehrsorganisation, die sicher auch die Polizei forderte. Der sprachliche Duktus ist noch vom Besatzungsstatus geprägt, wie die Bezirksauflistung unter den »Westsektoren« und »Ostsektoren« zeigen, und natürlich waren die östlichen Bezirke im Kartenbild nur angeschnitten. Nur wenige Monate später produzierten die Verwaltungen beider Stadthälften die ersten gemeinsamen kartografischen Planungsgrundlagen, die Grenzübergänge verschwanden und die Grenzanlagen wurden von den »Mauerspechten« in handliche Brocken zerlegt.

Landesarchiv Berlin, F Rep. 270,
Allgemeine Kartensammlung, A 12203

1940/1989

Überlagerungskarte der Bebauungsstrukturen der Innenstadt in den Jahren 1940 und 1989

Die Darstellung zeigt den Nachkriegszustand des historischen Zentrums (rot), der hier wie eine Folie über den Grundriss der Vorkriegszeit (grau) gelegt ist. Nach 1945 wurde das von den Alliierten verwaltete Berlin zunächst in vier Sektoren aufgeteilt. Der gesamte Ostteil der Stadt sowie ein beträchtlicher Teil des Zentrums lagen in der sowjetischen Zone und gehörten von 1949 an zur Hauptstadt der DDR. Diese administrative Teilung wurde 1961 mit dem Bau der Mauer (grün) besiegelt, die nun durch das eng verflochtene städtische Gewebe der Innenstadt schnitt und Berlin in Ost und West trennte. Trotz der unterschiedlichen politischen und sozialen Entwicklung auf beiden Seiten des Eisernen Vorhangs weisen die jeweiligen städtebaulichen und architektonischen Veränderungen der Nachkriegsjahrzehnte durchaus Gemeinsamkeiten auf: Hier wie dort wurden die Ideale der Architekturmoderne favorisiert, die der traditionellen, funktional gemischten und baulich verdichteten Stadt eine Absage erteilten.

Die Abbildung zeigt in Ost und West eine beträchtliche strukturelle Ausdünnung in den zentralen Bereichen, die nicht allein auf Kriegszerstörungen zurückzuführen ist, sondern auch durch den teilweise flächendeckenden Abriss von Altbausubstanz in der Nachkriegszeit entstand. Insbesondere der Bereich östlich des Alexanderplatzes weist nun eine lockere, von großen Freiflächen durchsetzte Bebauung mit Neubauriegeln auf, die teilweise quer zum historischen Stadtgrundriss errichtet wurden und die Erinnerung an die alte, hochverdichtete Bebauung in diesen Quartieren weitgehend ausgelöscht haben. Völlig verändert zeigen sich auch das ehemals eng bebaute Marienviertel sowie der Bereich um das 1950 gesprengte Stadtschloss. Das gesamte Areal zwischen dem Stadtbahnviadukt und der Spreeinsel bis auf die Marienkirche und das Rote Rathaus komplett abgeräumt und zu einer weiten, von zwei Hochhausriegeln gefassten Freifläche umgestaltet, die dem 1969 fertiggestellten Fernsehturm seitdem ein Forum gibt.

Senatsverwaltung für Stadtentwicklung, Architekturwerkstatt

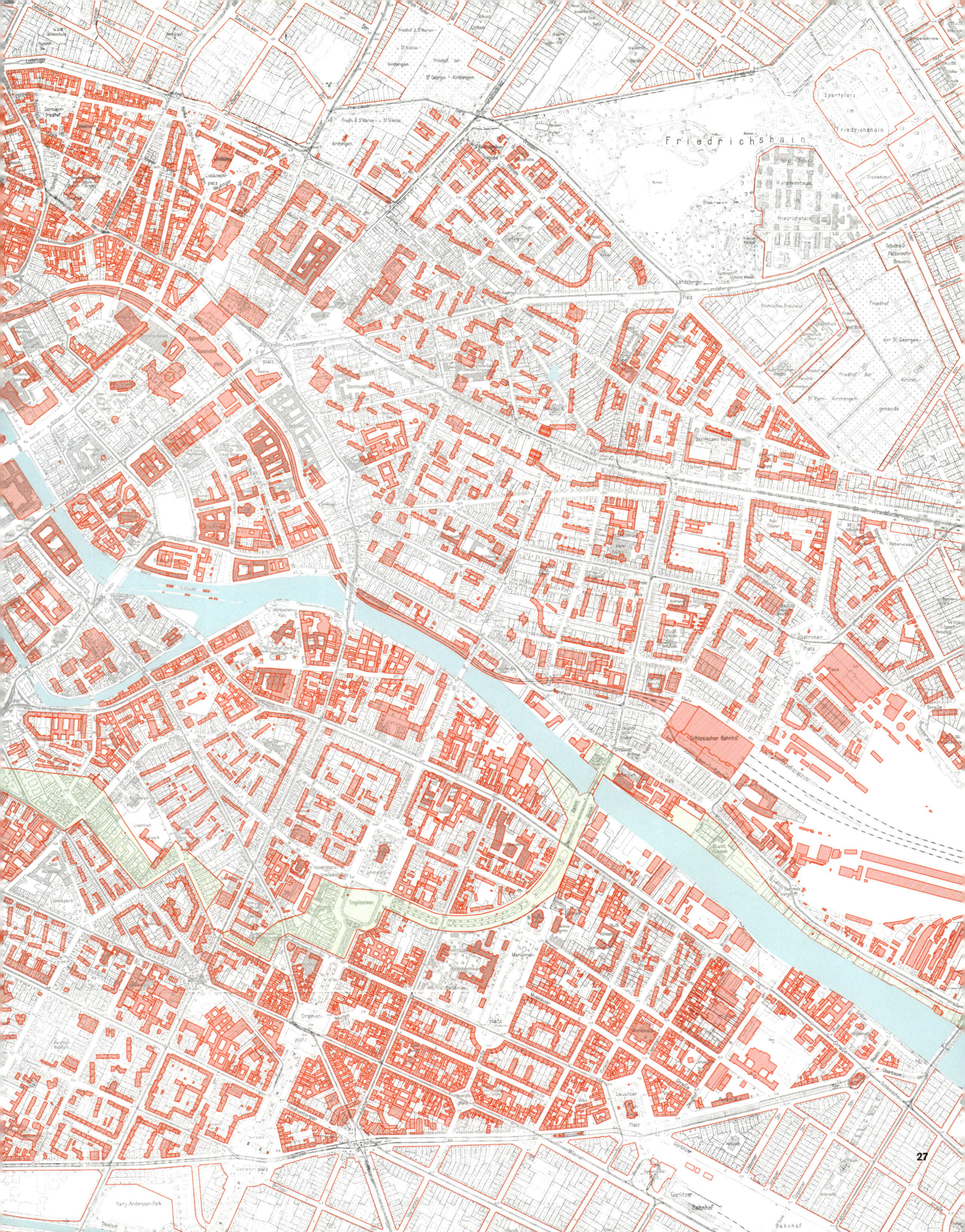

Berliner Mauer: Geschichte in Schauplätzen seit 1948

24. Juni 1948	Beginn der Berlin-Blockade
13. August 1961	Bau der Berliner Mauer
15. August 1961	Flucht an der Bernauer Straße
18. August 1961	Verbaler Schlagabtausch am Potsdamer Platz
25. Oktober 1961	Panzer-Konfrontation am Checkpoint Charlie
17. August 1962	Maueropfer an der Zimmerstraße
14. September 1962	Mauerflucht an der Bernauer Straße
19. Dezember 1963	Das erste Passierscheinabkommen
29. September 1964	Weichenstellung für das sozialistische Stadtzentrum
Ab Herbst 1964	Ausbau der Sicherungsanlagen an der Mauer
6. Oktober 1966	Einweihung des Axel-Springer-Hauses
11. Juni 1968	Beginn der Bauarbeiten am Grenzübergang Drewitz
1. Januar 1974	Ausgliederung der Grenztruppen aus der Nationalen Volksarmee
8. Dezember 1981	Besetzung des Bethanien-Krankenhauses
1982	Der geteilte Bahnhof *Friedrichstraße*
29. Juni 1983	Bürgschaft für den ersten Milliarden-Kredit der DDR
11. Februar 1986	Agentenaustausch an der Glienicker Brücke
4. Oktober 1986	Medienwirksame Demonstrationen rund um den Potsdamer Platz
4. November 1989	Die größte Demonstration in der Geschichte der DDR
9. November 1989	Maueröffnung an der Bornholmer Brücke
10. November 1989	Massenbesuche im Westen
Januar 1990	Geburtsstunde der East-Side-Gallery
Oktober 1990	Abriss der Berliner Mauer
20. Juni 1991	Bundestags-Beschluss zum Regierungs- und Parlamentsumzug
9. November 1997	Grundsteinlegung für die Mauergedenkstätte
1999	Verbindende Verkehrsprojekte für Berlin
November 2001	Spurensuche zwischen Invalidenstraße und Nordhafen

Nicht bloß Beton und Stacheldraht: In Berlin kulminierte die Teilung der Welt, wie sie sich nach dem Zweiten Weltkrieg abzeichnete. Als Grenzzaun fraß sie sich ab 1961 buchstäblich in die Stadt. Spuren davon finden sich noch heute. An der Bernauer Straße zum Beispiel lassen sich weiterhin die Fundamente der damals niedergerissenen Fassaden entdecken.

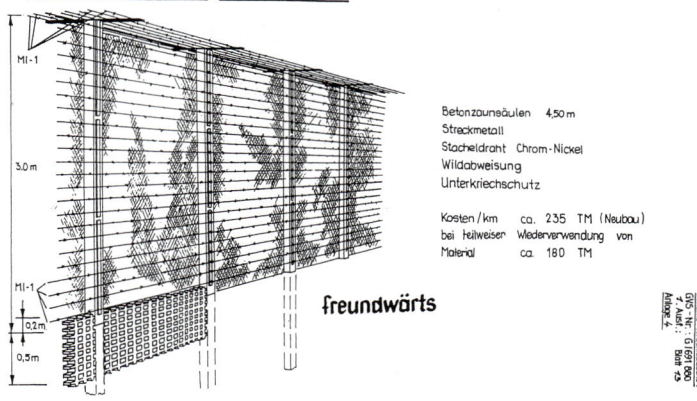

24. Juni 1948
Vor der Mauer: Checkpoint Bravo

24. Juni 1948, 6:00 Uhr: In den Baracken des Checkpoint Bravo herrscht helle Aufregung. Der Verkehr läuft plötzlich nicht mehr normal: Stadtauswärts stauen sich die Kraftwagen, während die Lkw-Spur in Gegenrichtung völlig verwaist ist. Die Ursache dafür liegt wenige hundert Meter südlich, wo die sowjetische Militäradministration seit den frühen Morgenstunden die Schlagbäume geschlossen hält. Doch nicht nur hier: Sämtliche Land- und Wasserwege nach Westberlin sind für den Personentransit sowie für den gesamten Güterverkehr gesperrt. Die amerikanischen Soldaten, die am Checkpoint Bravo Dienst tun, sind von der Blockade völlig überrascht. Hektisch telefonieren sie mit ihren Vorgesetzten und Verbündeten.

Der Checkpoint Bravo bezeugt, dass Deutschland nicht erst durch die Mauer geteilt wurde. Auf dem Papier hatte es seine staatliche Einheit längst verwirkt: durch seinen Angriffsfeldzug, für den nicht zuletzt besagte Autobahn entstanden war. Am 12. September 1944 – das Ende des Zweiten Weltkriegs war absehbar, aber noch keineswegs erreicht – beschlossen die Alliierten im sogenannten Londoner Protokoll, Deutschland nach seiner bedingungslosen Kapitulation aufzuspalten, ebenso Berlin. Großbritannien, die USA sowie die Sowjetunion schickten sich an, je eine Zone zu besetzen und zu verwalten. Zwei Monate später ist mit dem Beitritt Frankreichs der Vier-Mächte-Status festgeschrieben.

Die Angst vor Deutschland mochte die Alliierten einen. Doch genauso trennen sie unterschiedliche Gesellschaftsvisionen: Die Westmächte stehen für den Markt und die Freiheit jedes einzelnen, die Sowjetunion strebt nach Sozialismus. Zudem war ihre Kriegserfahrung soviel leidvoller (die Hälfte der 40 Millionen Toten waren Sowjetbürger), dass sie ihren Einflussbereich in Europa rigoros abzusichern suchte. Frühe Beispiele dafür sind die Reparationen, die der Westen weit weniger eintrieb, sowie die Zwangsfusion von Sozialdemokraten und Kommunisten zur Staatspartei SED. Kein Jahr nach Kriegsende spricht der britische Premier Winston Churchill von einem »Eisernen Vorhang«, der zwischen Stettin und Triest niedergehe. Am einzigen Autobahnzubringer Westberlins entstehen in der Folge der Checkpoint Bravo und der Kontrollpassierpunkt Nowawes, an denen der Verkehr bereits wie zwischen zwei völlig verschiedenen Staaten abgewickelt wird.

Mit der Blockade, mit der die Sowjetunion auf die separate Währungsreform in den Westsektoren reagiert, ist für Westberlin die Schmerzgrenze überschritten. Zwar richten Amerikaner, Briten und Franzosen postwendend die Luftbrücke ein. Doch selbst wenn in den Flughäfen Tempelhof, Tegel und Gatow alle 90 Sekunden ein Rosinenbomber landen mag: Es herrscht Hunger in der Millionenmetropole. Am

2009

Grüne Grenze 2009:
Drei Fahnenmasten stehen inmitten einer ausrangierten Autobahn – bis heute bezeugt der Checkpoint Bravo, wie geteilt Deutschland bereits vor dem Mauerbau war. Inzwischen markiert die Brücke über dem Teltowkanal die Grenze zwischen Berlin und Brandenburg.

9. September appelliert der im Osten geschasste Oberbürgermeister Ernst Reuter vor der Reichstagsruine und 300.000 Westberlinern: »Ihr Völker der Welt! … Schaut auf diese Stadt …«

Als die Blockade nach 320 Tagen endete, entspannte sich zwar die Versorgungslage Westberlins, die Spaltung der Stadtregierung aber blieb unumkehrbar. Auch landesweit wurde die Verwaltungsteilung sogleich manifest: Keine zwei Wochen später gründete sich die Bundesrepublik Deutschland, am 7. Oktober 1949 folgte die Deutsche Demokratische Republik. So sind die Nachkriegsgrenzen Europas konstituiert.

Danach befördert ein anderes Phänomen den Ost-West-Gegensatz: Die Bevölkerungswanderung, die es zu allen Zeiten gegeben hatte, ist nunmehr ein Binnenproblem der DDR. Jahr um Jahr kehren ihr mindestens 150.000 Bürger den Rücken, ohne dass, wie in früheren Epochen, Menschen aus dem Osten nachrücken. Rund die Hälfte der Emigranten hat das 25. Lebensjahr noch nicht erreicht. Der Exodus

1951

Grüne Grenze 1951:
Nach dem Ende der Berlin-Blockade kontrollieren die Westmächte den Verkehr am Checkpoint Bravo, ihre östlichen Kollegen stehen wenige hundert Meter weiter. Ein Schild beschwört den Zusammenhalt Deutschlands und spricht zugleich von »wir« und »ihr«.

grassiert vor allem unter den Leistungsträgern, ohne die kein Gemeinwesen funktioniert. Die Regierung der DDR reagiert, indem sie die innerdeutsche Grenze ab dem 25. Mai 1952 mit Stacheldraht befestigt, die fünf Kilometer davor zur Sperrzone erklärt und den Schießbefehl erteilt. Zudem stellt »Republikflucht« ab 1957 einen Straftatbestand dar.

Gegenüber Westberlin geht das Regime indes noch nicht soweit: Befestigt wird nur das Umland. So ist etwa der kurios zwischen Berlin und Brandenburg gelegene Checkpoint Bravo fortan dreiseitig abgesperrt. Dagegen markiert die Grenze zur Hauptstadt der DDR lediglich ein weißer Strich. Zwar bleiben von 277 Übergängen nur mehr 81, doch werden Passanten dort nur stichprobenartig kontrolliert – ein Zustand, den Billy Wilder in seinem Film »Eins, Zwei, Drei …« dankbar einfängt. Auch sind Fotos von der Brunnenstraße erhalten, auf denen die Straße so belebt ist, dass der Grenzübergang dort kaum zu erkennen ist. Letztlich greifen die Maßnahmen der DDR-Regierung zu kurz. Sie verlagern nur das Problem: Zwischen 1945 und 1961 verliert Ostdeutschland über ein Fünftel seiner Bevölkerung. Die Mehrheit der rund 3,5 Millionen Menschen flüchtet über die binnenstädtische Grenze Berlins. So kann es nicht weitergehen.

Der Checkpoint Bravo bezeugt weiterhin, wie simpel Deutschland vor dem Mauerbau geteilt war: Das »Rasthaus Dreilinden« steht für die Leichtbau-Architektur des Grenzpostens. Von ihm sind immerhin die drei Fahnenmasten erhalten, an denen einst die Flaggen der USA, Großbritanniens und Frankreichs wehten. Fahrbahnmarkierungen scheiden nach wie vor »Lkw« und »Pkw«, die nur nicht mehr durchkommen. Nach dem Mauerbau erwiesen sich die Anlagen bald als zu klein, weshalb der Verkehr ab dem 15. Oktober 1969 über die neue Grenzübergangsstelle Dreilinden/Drewitz sowie die nach Osten begradigte Autobahn abgewickelt wurde. Den alten Checkpoint besetzten bis zum Mauerfall Camper; die stillgelegte Trasse diente als Kulisse für RTL-Actionserie Alarm für Cobra 11. Heute wuchern überall Zäune und Spontanvegetation. Zu erreichen ist der Checkpoint nur über Albrechts Teerofen.

13. August 1961
Der Mauerbau: Brandenburger Tor

13. August 1961: Schlag 1:05 Uhr gehen am Brandenburger Tor die Lichter aus. Im Schutz von Dunkelheit und Panzerwagen reihen sich 10.000 Volks- und Grenzpolizisten entlang der Westsektoren auf. In einem Kilometer Abstand hält die Nationale Volksarmee weitere 7.000 Mann in Reserve. Um Ost-Berlin stehen Sowjetsoldaten. Um 1:11 Uhr verbreitet der (Ost-) Berliner Rundfunk die Erklärung der Staaten des Warschauer Vertrags: »Westberlin wird abgeriegelt«. 19 Minuten später stellt die S-Bahn ihren Verkehr ein. Ab 3:00 Uhr morgens werden Stacheldraht, spanische Reiter und Betonhindernisse in Stellung gebracht sowie die Untergrund-Bahnhöfe blockiert. Einen halben Tag danach gilt die Grenze offiziell als gesichert. Von zuvor 81 Kontrollpunkten sind da noch 13 offen. Am folgenden Morgen wird auch das Nadelöhr Brandenburger Tor ganz geschlossen. Letztlich bleiben nicht mehr als sieben Übergänge, die für Berliner zunächst unpassierbar sind. In der Nacht vom 17. auf den 18. August beginnen Bauarbeiter, unter den Augen der bewaffneten Einheiten, entlang der Grenze Hohlblocksteine aufzuschichten. Vor dem Brandenburger Tor (Foto rechts unten), in der Bernauer Straße sowie zwischen Potsdamer Platz und Lindenstraße entsteht bis zum 21. November sogar eine zwei Meter starke, besonders stabile »Panzermauer«.

»Niemand hat die Absicht, eine Mauer zu errichten«, verkündet bekanntlich Walter Ulbricht noch am 15. Juni der internationalen Presse. Tatsächlich favorisieren er und sein sowjetischer Amtskollege Nikita Chruschtschow lange andere Lösungen, um den Fluchtpunkt Westberlin loszuwerden. Doch angesichts der sich alljährlich auf um 200.000 einpendelnden Zahl von Flüchtlingen denkt Ulbricht mindestens seit März 1961 über Zäune und Stacheldraht nach. Ende Juni, nachdem auch der neue US-Präsident Kennedy keinerlei Entgegenkommen verspricht, stimmt Chruschtschow dem Plan zu. Auch die übrigen Ostblock-Staaten erklären Rückendeckung. Die konkrete Umsetzung bleibt geheim, mit der Planung beauftragt Ulbricht Erich Honecker, der damals Sicherheitssekretär des Zentralkomitees der SED ist. Der Öffentlichkeit dämmert es erstmals, als sich am 4. August alle 53.000 Grenzgänger aus der DDR registrieren lassen müssen. So schwillt die Zahl der Flüchtlinge sprunghaft an, auf zuletzt fast 4.000 täglich. Den formellen Beschluss zur Abriegelung fällen SED-Politbüro und Ministerrat der DDR Ende der ersten Augustwoche. Den letzten Befehl unterzeichnet Ulbricht am Vorabend des 13. Augusts gegen 14:00 Uhr. Als er nach sechs Stunden die DDR-Führung unterrichtet, ist der Mauerbau nicht mehr zu stoppen.

Mit den Sperranlagen, der nach Osten gedrehten Quadriga und dem zum Schussfeld eingeebneten Pariser Platz wandelt sich das Brandenburger Tor vom Nationalsymbol der Deutschen zum Monument der Teilung der Welt. Besonders deutlich wird das Anfang 1963, als die Führer von West- und Ostblock hier kurz nacheinander Station machen. Nikita Chruschtschow, der Mitte Januar als erster vorbeischaut, hat ein Lächeln auf den Lippen. Sein Gegenspieler mag während seines Besuchs Ende Juni für das Bekenntnis »Ich bin ein Berliner« gefeiert werden. Hier jedoch gibt sich John F. Kennedy zugeknöpft, zumal ihn die andere Seite mit Propagandatafeln, roten Fahnen und verhängtem Tor empfängt. Als sich das Schaulaufen gut 20 Jahre später wiederholt, haben sich die Akzente geändert. Wiederum als erster trifft im April 1986 der Generalsekretär der KPdSU ein, der seit einem Jahr Michail Gorbatschow heißt: Bescheiden, aber gefasst schreitet er durchs Tor. Dagegen fordert US-Präsident Ronald Reagan Mitte 1987 emphatisch: »Mr. Gorbachev, open this gate! Mr. Gorbachev, tear down this wall!«.

Heute ist das Brandenburger Tor das Symbol der Deutschen Einheit. Noch in der Nacht vom 9. auf den 10. November 1989 schlagen die Berliner hier erste Löcher in die Mauer. Keine sechs Wochen später erlauben die Regierungschefs von BRD und DDR höchstpersönlich den Grenzübergang. Inzwischen ist das einstige Sperrgebiet selbstverständlicher Teil des Stadtlebens. Der Pariser Platz, seine Adressen, die Flanken des Tors sowie das Monument selbst wurden wiederhergestellt und zwar mehr oder weniger nach historischem Vorbild. Neu am Ort ist vor allem das Europäische Haus. An die Teilung erinnert allein die Doppelreihe Kopfsteinpflaster, die den Mauerlauf am Platz vor dem Brandenburger Tor und an anderen Stellen in der Innenstadt nachzeichnet.

1964

2006

02 Brandenburger Tor

1961

Das Symbol der Deutschen 1961:
Seiner Flügel beraubt, nach Westen abgeriegelt und nach Osten zum Sperrgebiet beräumt, avancierte das Brandenburger Tor nach dem 13. August zum Symbol der Teilung. Nichts erinnert mehr an den Grenzverkehr, den der Karikaturist Robinson zwei Jahre zuvor lebhaft nachzeichnete (Zeichnung rechts unten).

34 Brandenburger Tor

2008

02 Brandenburger Tor

Das Symbol der Deutschen 2008: Durchlässig, samt Einfassung rekonstruiert sowie von Banken und Botschaften umgeben, ist das Brandenburger Tor heute das Symbol der Einheit. Nur Autofahrer müssen nach wie vor einen Bogen darum schlagen – nicht zuletzt, weil die Vorplätze einer Vielzahl von Events dienen. An die Mauer erinnert nur mehr eine Bodenmarkierung.

02 Brandenburger Tor

15. August 1961
Abschiede:
Bernauer und Schwedter Straße

15. August 1961: Der Grenzsoldat Carl Schumann ist für den Nachmittag zum Wachtdienst eingeteilt: Bernauer/Ecke Ruppiner Straße. Der 19-jährige Schäfer aus Sachsen ist sichtlich nervös. Immer wieder tritt er an den Stacheldraht heran, drückt ihn nieder. Dann nimmt er Anlauf, lässt im Sprung sein Gewehr fallen und läuft zu einem Einsatzwagen der Westberliner Polizei. Das Foto (rechts oben) davon geht als »Jump to Freedom« um die Welt. Carl Schumann ist der erste DDR-Grenzer, der nach dem Mauerbau Fahnenflucht begeht. In den nächsten sechs Wochen werden ihm 84 folgen, bis zum Fall der Mauer über 2.500.

Sein Entschluss reifte, so berichtet Schumann später, als er ein Mädchen beobachtete, das nach dem Besuch seiner Großmutter in Ost-Berlin nicht mehr zu seinen Eltern in den Westteil durfte. Solche Szenen gab es viele. Die Menschen reichen sich Briefe und Geschenke über den Stacheldraht, schwenken Taschentücher und Transparente. Als die Mauer emporwächst, steigen sie auf Leitern und Straßenschilder, um sich zu sehen. Dagegen erlässt der Ost-Berliner Polizeipräsident am 28. August 1961 das sogenannte Winkverbot, das jeglichen Kontakt untersagt. Weil das Westbürger nicht anficht, werden über der Mauer schließlich Sichtblenden aus Holz installiert. An der Bernauer/Ecke Schwedter Straße ist dieser zusätzliche Schutzschirm über fünf Meter hoch. All das drückt aus, was die Berliner nach dem Mauerbau zuerst zu tun hatten: Abschied nehmen, mal vom Glauben an Gerechtigkeit, meist von Gewohnheiten und in jedem Fall von der bekannten Stadt, oft von Freunden, Nachbarn, Verwandten. Besonders in der Bernauer Straße spielen sich dabei dramatische Szenen ab. Denn hier gehören die südlichen Häuser zu Ost-Berlin, während die Bürgersteige bereits im Westen liegen. Natürlich werden die 50 Hauseingänge sofort versiegelt, ab dem 18. August 1961 kommen die Fenster dran. Was eine Fluchtwelle auslöst, bringt am Folgetag den ersten Zwischenfall: Der 47-jährige Kraftfahrer Rudolf Urban stürzt aus seiner Wohnung in der Bernauer Straße 1 ab und erleidet tödliche Verletzungen. Am 20. September ergeht der Befehl zur Zwangsräumung aller Grenzhäuser, die allein in der Bernauer Straße 2.000 Menschen trifft. Panisch raffen sie das Nötigste zusammen, einige springen aus dem Fenster. Die 77-jährige Frieda Schulze erlebt fünf Tage später ein regelrechtes Tauziehen: Betriebskampfgruppen halten sie zurück, bevor sie Westberliner auf die Straße reißen. Weniger Glück hat die 58-jährige Ida Siekmann. Am 22.08. endet ihr Sprung aus der Bernauer Straße 48 tödlich. Ebenso ergeht es der 80-jährigen Olga Segler, die sich drei Tage später aus dem Haus Nummer 34 fallen lässt. Die wildeste Verfolgungsjagd ereignet sich zehn Häuser weiter am Abend des 4. Oktobers. Der Grenzer Gerhard Peter ertappt Bernd Lünser, kaum dass der 22-jährige Ingenieur-Student mit einer

Wäscheleine aus der Dachluke steigt. Es kommt zum Gerangel, das erst am Traufgitter der Bernauer Straße 44 endet. Westberliner Polizisten geben erstmals Feuerschutz. Während Peter am Oberschenkel verletzt wird, springt Lünser kopfüber in die Tiefe und stirbt sofort. Jede Seite hat ihren eigenen Märtyrer. Bis 1967 sind die verbarrikadierten Fronten bis auf die Erdgeschossfassade abgerissen. Erst zwölf Jahre später ersetzt die Grenzmauer der 4. Generation die traurigen Stümpfe der Bernauer Straße.

Auch heute gibt es in Berlin keinen zweiten Ort, an dem der Grenzstreifen von einst noch so erfahrbar ist. Nach Süden hin blieb die Bernauer Straße bislang weitestgehend unbebaut. Die Vegetation wuchert wild, kann aber nicht alle alten Fundamentreste verbergen. Zwischen Ruppiner und Oderberger Straße zeugen offengelegte Brandwände sowie der Postenweg von der Abrisswut der frühen Mauerjahre. Nach Norden, wo einst die Schwedter Straße als Kolonnenweg diente, zeigt sich die Grenze dagegen kaum mehr im Original. Das einzig echte Teilungszeugnis ist die Hinterlandmauer im Rücken des Jahn Stadions, Graffiti-Künstler erhalten sie ebenso wie die Denkmalpflege. Tatsächlich ist das ganze Terrain kunstvolle Erinnerungslandschaft. Auf Seiten des Prenzlauer Bergs entstand seit 1992 der Mauerpark. Sein schlichter Stil, den Gustav Lange vorzeichnete, prägt seither alle Gartengestaltung hierzulande. Nach Osten erweitert den Mauerpark seit 1997 die Max-Schmeling-Halle, die Jörg und Anett-Maud Joppien sowie Jürgen Dietz als begrünte Brücke anlegten. Zwei Jahre später verlängerte ein Steg die Schwedter Straße nach Norden bis zur Behmstraße. Im Westen machen Trödelmärkte und Biergärten den ehemaligen Eberswalder Güterbahnhof langsam aber stetig durchlässiger. Inzwischen steht fest: Der Ort des Abschieds ist Zentrum des Zusammenkommens geworden.

1967

Nicht mal mehr winken:
Der Mauerbau hat der Schwedter Straße neben den gängigen Grenzbefestigungen hohe Holzlattenwände gebracht, die sogar den Sichtkontakt unterbanden. Um die Ecke, auf der Ost-Berliner Seite der Bernauer Straße, wurden die Bewohner zwangsweise umgesiedelt und ihre Häuser dem Erdboden gleich gemacht.

2008

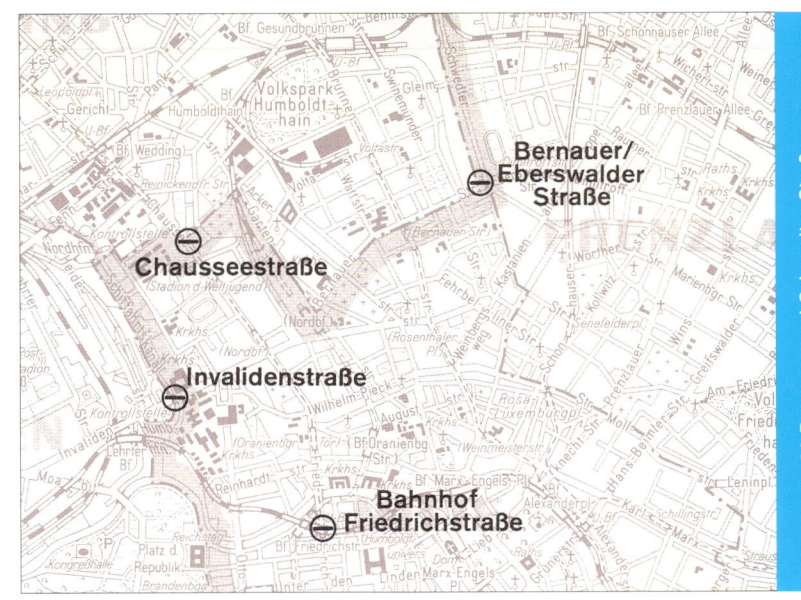

Bitte bleiben Sie:
Noch 1989 wurde die Bernauer Straße wieder durchlässig. Entlang der Schwedter Straße wandelte sich der Grenzstreifen Mitte der Neunzigerjahre zum beliebten Mauerpark. Auf der anderen Seite der Kreuzung besetzt das einstige Sperrgebiet neuerdings ein Infopavillon, der um Neuansiedler wirbt.

03 Bernauer und Schwedter Straße

03 Bernauer und Schwedter Straße

18. August 1961
Mauerkoller: Leipziger und Potsdamer Platz

18. August 1961: Fünf Tage nach dem Mauerbau lässt der Westberliner Senat nicht etwa Panzer auffahren, sondern VW-Busse. Auf ihrem Dach sind Dutzende Megafone montiert. Sie halten, wo schon während des Volksaufstands 1956 Lautsprecher standen: am Potsdamer Platz. Unmittelbar an der Sektorengrenze peitscht das sogenannte Studio am Stacheldraht Parolen wie »Mord bleibt Mord!« nach drüben. Drei Tage später schallt es aus Ost-Berlin zurück: »Wir haben gehandelt, wir waren so frei!« Die Lautstärke ist Ohren betäubend.

Auch einen speziellen Radiosender, der sich ausschließlich an amerikanische Soldaten wendet, richtet die DDR ein. Mehr Hochrüstung betreibt der Westen: Besagtes »Studio am Stacheldraht« bekommt Nebenstellen am Checkpoint Charlie, am Brandenburger Tor sowie an den Grenzübergängen Bornholmer und Heinrich-Heine-Straße. Ab 1962 werden die Lautsprecher fest installiert: Am Potsdamer Platz entsteht eine riesige Krankonstruktion: Wie die Laufschriften am GSW- oder Springer-Hochhaus sollen sie Nachrichten bis weit in die Hauptstadt der DDR funken. Überdies säumen Plakate die Mauer. Auf das westliche »Einigkeit und Recht und Freiheit« antwortet Ost-Berlin mit »Nicht frech werden!«

Die Losungen sind schon für sich aufschlussreich: Aus ihnen spricht Macht hüben, Ohnmacht drüben. Das Regime in Ost-Berlin sieht sich als Sieger. Ende 1961, nachdem Tausende Mauerkritiker ins Gefängnis gewandert sind, stoppt Stasi-Minister Erich Mielke die Verhaftungswelle. Derweil verfällt Westberlin kollektiv dem Mauerkoller. Wie weitreichend die Abriegelung wirkt, realisiert praktisch niemand: Auf einen Schlag verfügt Westberlin über 40.000 Werktätige weniger. Woche um Woche kehren weitere 1.700 Bürger der Rumpfstadt den Rücken. Bis Anfang der Achtzigerjahre geht fast ein Fünftel der Einwohnerschaft verloren.

Vor allem die Elite, die etwas zu verlieren hat, packt ihre Koffer. Konzernzentralen wie die der AEG werden ins Bundesgebiet verlagert. Was Berlin vor dem Zweiten Weltkrieg zur größten Industriestadt Europas gemacht hatte, degeneriert vollends zur verlängerten Werkbank. Neben dem verarbeitenden Gewerbe trifft es besonders den Immobiliensektor: Der Haus- und Grundstücksmarkt kollabiert; schnell verabschieden sich zwei Drittel der privaten Bauherren. Es hilft nichts, die öffentliche Hand muss einspringen. Anfangs unterstützt sie nur die Anwerbung von Ersatzarbeitskräften, doch bald hängt jeder Sektor von ihren Zuweisungen ab. So mögen sich an der Mauer Weltanschauungen scheiden, praktisch nivelliert sie das Leben hüben wie drüben. Während Ost-Berlin planvoll den Sozialismus aufbaut, verstaatlicht sich der Westteil wider seiner Grundwerte von individueller Freiheit und Marktwirtschaft. Das ganze Dilemma bringt Wim Wenders Film *Der Himmel über Berlin* 1987 auf den Punkt: Darin irrt ein alter Mann durch das verwaiste Herz dieser Mauerstadt und klagt: »Ich kann den Potsdamer Platz nicht finden …«

Vom Mauerkoller ist am Potsdamer Platz inzwischen nichts mehr zu spüren. Eingeleitet wurde die Wende weniger von Amts wegen als durch Privatinitiative: Die Initialzündung ging von Edzard Reuter aus. Der Sohn des Blockade-Bürgermeisters erwarb als Vorstandsvorsitzender von Daimler-Benz mehrere Hektar am Potsdamer Platz, um dort ein Dienstleistungszentrum zu errichten. Zustande kam der Deal wenige Monate vor dem Mauerfall. Danach folgten zahllose Investoren diesem Beispiel. An die Stelle der Leere trat Optimismus. Heute streben Hochhäuser gen Himmel. Der Potsdamer Platz ist Kristallisationskern des Neuen Berlins: Attraktion für Touristen, Lebensmittelpunkt für die Schönen und Reichen, ein Vergnügen für alle. Die Vergangenheit wurde konsequent zurechtgerückt. Jenseits des Originalschauplatzes stehen nur mehr minimale Reste der Sperranlagen: Vier Segmente der Grenzmauer 75 wanderten nebenan auf den Leipziger Platz; südlich davon, in der Erna-Berger-Straße fand Berlins einziger erhaltener Wachturm der Serie BT 11 seine letzte Ruhestätte. Auf dem Potsdamer Platz selbst erinnern der doppelreihige Pflasterstreifen (Foto unten) und eine Dauerausstellung an den einstigen Verlauf der Mauer.

1990

1969

Wagenburg:
Nachdem Rededuelle, Plakatschlachten und Propaganda am laufenden Band nichts ausrichteten, bildet Westberlin Mitte der Sechzigerjahre eine Wagenburg-Kultur aus. Die Philharmonie zeigte Mauer und Potsdamer Platz genauso die kalte Schulter wie der Mitte und ihrer Museumsinsel. Der Konzerttempel begründete das Kulturforum, das zu vollenden Westberlin versagt blieb.

2008

04 Leipziger und Potsdamer Platz

Freizeitpark:
Der Mauerfall setzt ungeheure Energien frei. Internationale Investoren entdecken Berlin für sich. Der Bauboom stampft einen neuen Potsdamer Platz aus dem Boden, komplettiert das Kulturforum und überdeckt alle Zeitbrüche. Bestes Beispiel ist heute die Spielbank, welche an der schroffen Ostseite der Staatsbibliothek ihr Entree aufgeschlagen hat.

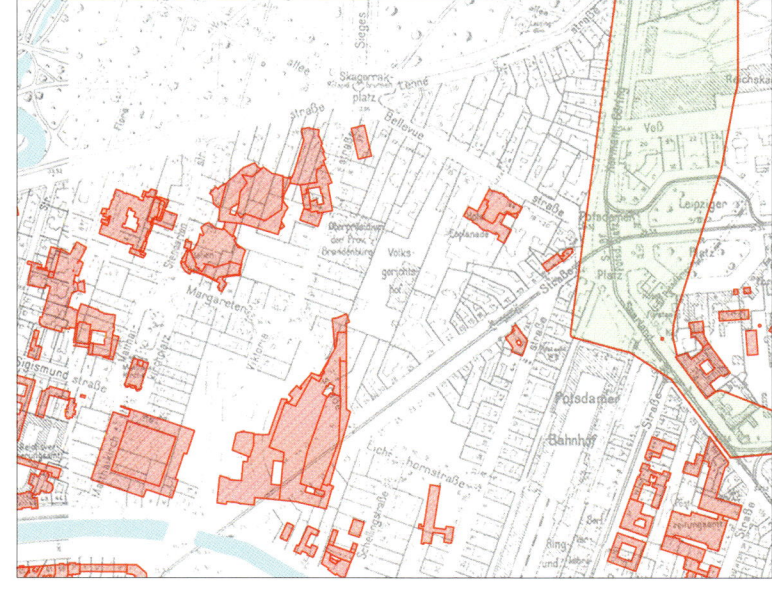

1969

Hier war Berlin: Der Potsdamer Platz ist nach dem Mauerbau nur mehr eine vage Wüste. Im freigeräumten Schussfeld des Ostens bleibt vom Leipziger Platz nur eine ausrangierte, achteckige Asphaltbahn. Auch im Westen fallen fast alle Altbauten. Neue Umgehungsstraßen lassen diesen Ort verwaisen, der einst der »verkehrsreichste Platz Europas« war.

Leipziger und Potsdamer Platz

2008

04 Leipziger und Potsdamer Platz

Hier ist Berlin: Inzwischen haben die Deutsche Bahn, Daimler-Benz, Sony, exklusive Hotels sowie populäres Shopping und Entertainment fast alle Brachen gefüllt. Wie ehedem verbindet der Potsdamer Platz die Stadtzentren von West und Ost. Derzeit ist er der Kristallisationspunkt des Neuen Berlins.

50 Leipziger und Potsdamer Platz

04 Leipziger und Potsdamer Platz

25. Oktober 1961
Kalter Krieg: Checkpoint Charlie

25. Oktober 1961: In der engen Häuserschlucht am Checkpoint Charlie, der den Alliierten, anderen Ausländern und Diplomaten vorbehalten ist, stehen sich gut drei Dutzend Panzer gegenüber. Dreißig T-54 der Roten Armee richten ihre Rohre flach die Friedrichstraße hinunter. Dort, 200 Meter weiter südlich, sind seit dem Vormorgen amerikanische M-48 in Stellung gegangen. Kommt es zu dem heißen Schlagabtausch zwischen den Alliierten, die sich im Kalten Krieg lange genug als Gegner belauern?

Viele rechnen damit, vor allem in Westberlin. Schließlich hatten die Vereinigten Staaten, Großbritannien und Frankreich die Frontstadt mit der Luftbrücke (siehe Kapitel *Vor der Mauer: Checkpoint Bravo*) vor dem Hungertod bewahrt und auch später alle sowjetischen Abzugs-Aufforderungen energisch zurückgewiesen. Aus Besatzern waren Schutzmächte geworden. Und so enthält der Brief, mit dem sich Westberlins Regierender Bürgermeister Brandt am Tag des Mauerbaus an US-Präsident John F. Kennedy wendet, indirekt die Erwartung, dass nun die Waffen sprechen werden.

Doch Kennedy denkt nicht dran: Eine Mauer sei verdammt noch mal besser als Krieg, vertraut er am 14. August Beratern an. Nach Berlin schickt er eine Woche später nur Vize-Präsident Lyndon B. Johnson, den Luftbrücken-General Lucius D. Clay, 1.500 GIs und einige gepanzerte Fahrzeuge. Ihr Auftrag lautet: Beruhigung. Dabei orientiert sich Kennedy an den drei Essentials, die über Jahrzehnte Richtschnur der Berlin-Politik der Westmächte waren: 1. Militärische Präsenz in Berlin, 2. Freier Zugang der Alliierten nach Berlin, 3. Freizügigkeit der Bürger in Westberlin.

Auf einen Nenner gebracht: Die West-Alliierten fordern für Berlin nichts anderes ein als das, worauf sich die Vereinigten Staaten, die Sowjetunion, Großbritannien und Frankreich im Potsdamer Abkommen von 1945 verständigt hatten. Diesen Vier-Mächte-Status sehen die Amerikaner erst zwei Monate nach dem Mauerbau verletzt. Auf Anordnung des DDR-Innenministeriums sollen sich seit dem 23. Oktober alliierte Militärs, die in Zivil auftreten, vor dem Grenzübertritt gegenüber ostdeutschen Beamten legitimieren. General Clay versucht, das angestammte Recht am Checkpoint Charlie durchzusetzen, doch Interesse an einer Eskalation hat er sowenig wie sein Präsident oder der sowjetische Staatschef. Am 28. Oktober befiehlt Nikita Chruschtschow persönlich den Rückzug, denn »ein Krieg wegen Berlin oder der Mauer kommt selbstverständlich nicht in Frage«. Die Panzer-Konfrontation endet so plötzlich, wie sie begann. Wieder einmal hatte das Gleichgewicht des Schreckens gesiegt.

Original am Checkpoint Charlie ist heute kaum mehr als der Name. Der Ort erlebte nach der Wende pars pro toto alle Höhen und Tiefen des Mauergedenkens. Anstelle des östlichen Kontrollpunkts fand 1992 ein städtebaulicher Wettbewerb statt, der alle Freiflächen mit einem »American Business Center« zu füllen trachtete und inzwischen weitgehend realisiert ist. Der westliche Checkpoint Charlie, der sich noch kurz vor dem Mauerfall bis ins Erdgeschoss des OMA-Neubaus Friedrichstraße 207/208 auswuchs, wurde am 20. Juni 1990 abgebaut. Die echte GI-Baracke in der Straßenmitte wanderte ins Alliierten-Museum Dahlem; zum Jahrestag des Mauerbaus eine Dekade später kehrte sie als Kopie zurück. An die Panzer-Konfrontation erinnert seit Oktober 1998 das Gegenüber zweier überlebensgroßer Fotos, auf denen der Künstler Frank Thiel einen sowjetischen und amerikanischen Soldaten porträtiert. 2006 kam im Auftrag des Senats noch eine Open-Air-Ausstellung hinzu. All diese Gedenkzeichen mögen mitnichten authentisch sein – den Nimbus des Checkpoint Charlie hielten sie sehr wohl wach: Bis heute suchen Scharen von Touristen hier den Ort des Kalten Kriegs!

1996

Cold War forever:
Auge in Auge belauerten sich einst Sowjets und Amerikaner am Checkpoint Charlie – im Oktober 1961 sogar mit Panzern. Seither suchen Scharen von Touristen hier den Nimbus des Kalten Kriegs. Die Erinnerung wird mitunter plakativ befeuert, wie 1996 durch die privat aufgestellte Kopie der Freiheitsstatue. Inzwischen zeichnet der Berliner Senat hier ein offizielles Geschichtsbild.

2006

05 Checkpoint Charlie

1966

Platz der Sicherheit:
In der Friedrichstraße spitzte sich der Ost-West-Konflikt zu; ihre Enge war dem Grenzregime von Anfang an ein Dorn im Auge, wie die Volkspolizei-Karte beweist (Karte rechts unten). Nach dem Mauerbau wurde der Ausländerübergang am Checkpoint Charlie zum Hindernisfeld ausgeweitet. Das Bild zeigt den Zwischenstand.

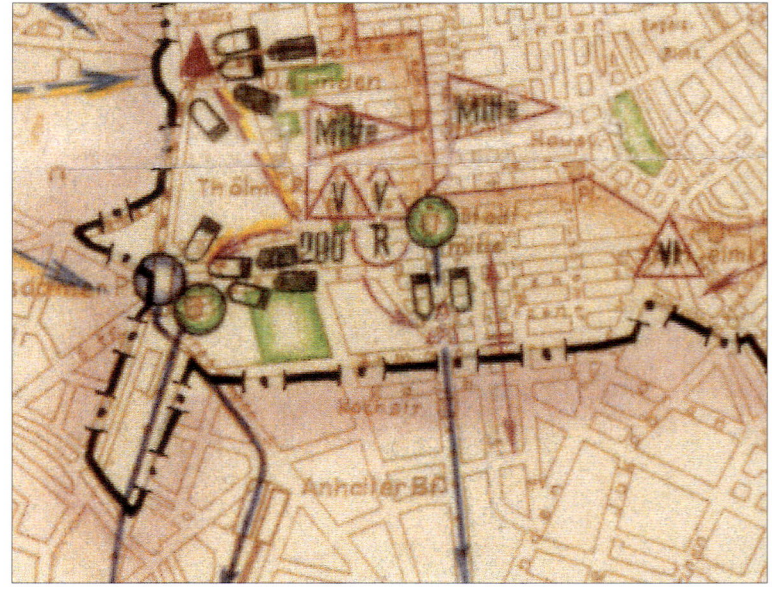

54   Checkpoint Charlie

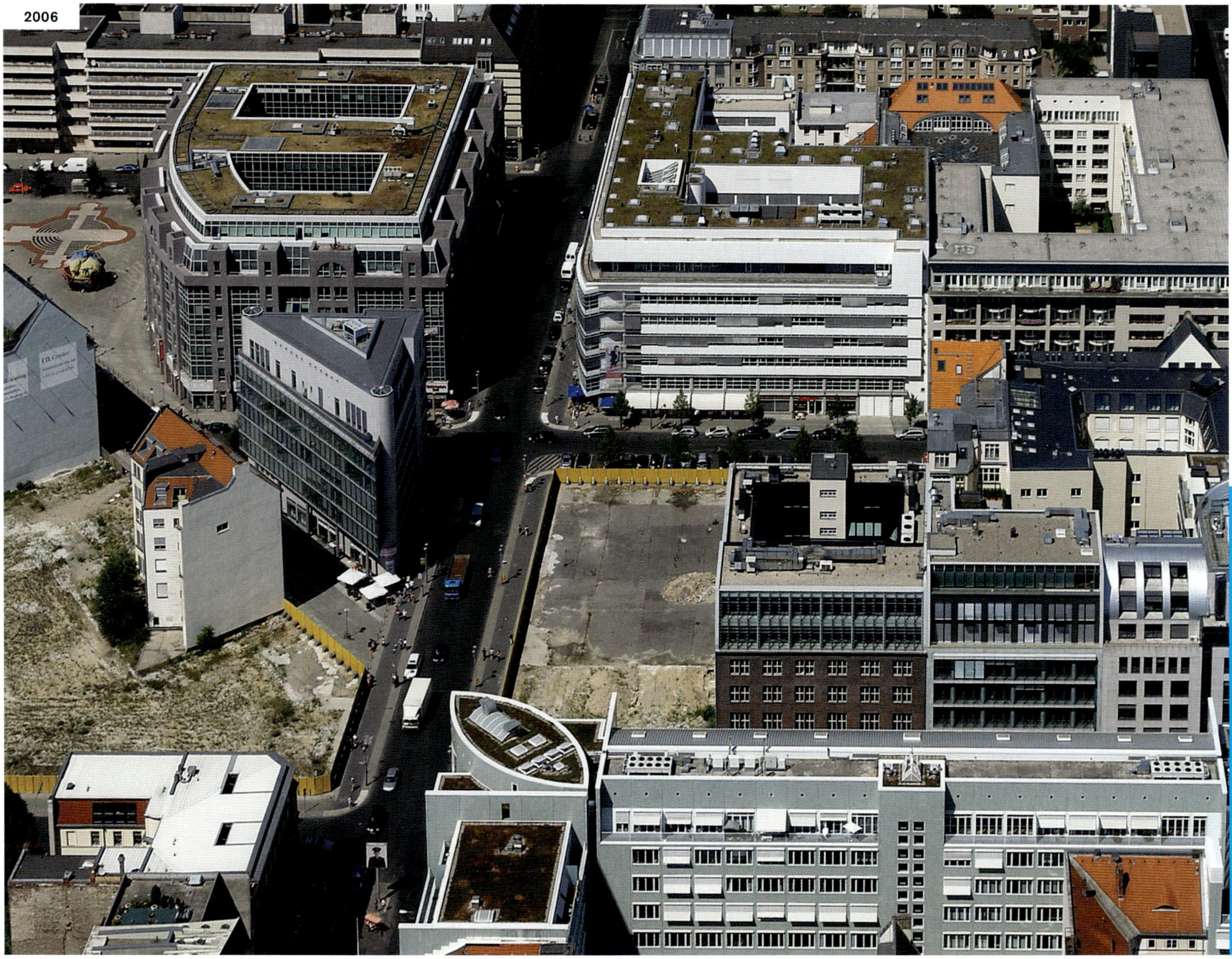

2006

Platz dem Kapital:
Nach dem Mauerfall kehrte sich der Trend um: An die Stelle vieler kleiner Abrisshäuser traten ausgedehnte Bürokomplexe. Selbst die verbleibenden Brachen sind zur Bebauung vorgesehen. Einzige Ausnahme ist der Bethlehemskirchplatz oben rechts. Das Gotteshaus, dem er seinen Namen verdankt, zeichnen heute Pflastersteine nach.

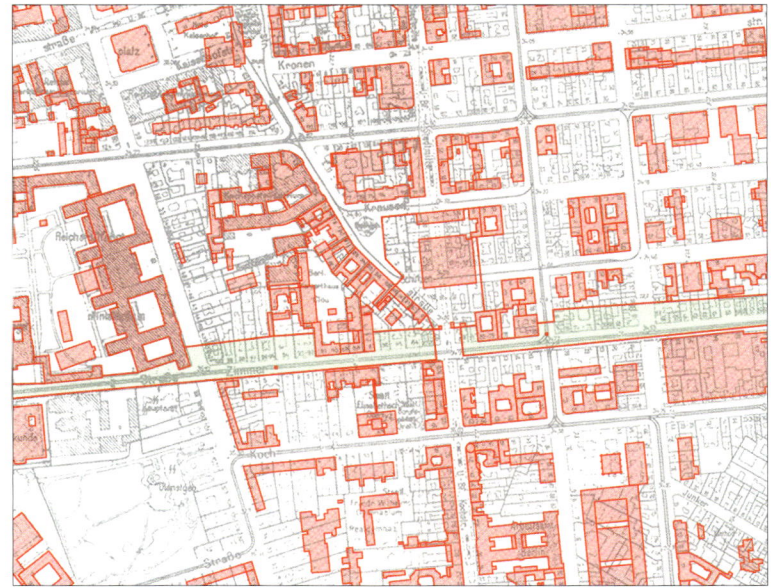

05 Checkpoint Charlie

05 Checkpoint Charlie

17. August 1962
Mauertod: Zimmerstraße

17. August 1962: Während der Mittagspause entfernen sich der Maurer Peter Fechter sowie sein Kollege Helmut Kulbeik von ihrer Arbeitsstelle *Unter den Linden.* Das Kaiser-Wilhelm-Palais zum Interimssitz des Staatsrats herrichten werden sie nicht mehr. Seit Monaten planen die beiden Achtzehnjährigen ihre Flucht aus der DDR, vor zwei Tagen haben sie ein passables Schlupfloch entdeckt: eine Tischlerei zwischen Charlotten- und Markgrafenstraße; ein kleines Fenster, das direkt auf den Mauerstreifen in der Zimmerstraße zeigt, ist nur vernagelt. Nachdem sie zwei Stunden die Lage sondiert haben, beschließen Fechter und Kulbeik: jetzt oder nie! Fechter springt zuerst, Kulbeik folgt, zusammen steigen sie über den Stacheldraht. Als sie den 15 Meter breiten Grenzstreifen überrennen, werden Wachtposten aufmerksam. Kurz bevor die beiden Flüchtlinge die vorderste Sperre erreichen, fallen erste Schüsse. Kulbeik erreicht dennoch den Westen. Fechter treffen über zwei Dutzend Kugeln, unmittelbar vor der Mauer bricht er zusammen. Mit letzter Kraft ruft er um Hilfe, die nicht kommt: Westberliner Polizisten werfen dem Verblutenden Verbandspäckchen zu. Zutritt in den Ostteil der Stadt haben sie nicht.

Frei bewegen könnten sich die amerikanischen Soldaten, die keine 200 Meter weiter am Checkpoint Charlie Dienst tun, doch wollen sie jede Provokation vermeiden und unternehmen nichts. Die ostdeutschen Grenzschützer beginnen erst nach gut einer Stunde mit der Bergung. Peter Fechter hat da bereits das Bewusstsein verloren, um 15.15 Uhr stirbt er im Krankenhaus. Sein qualvoller Tod bringt die Westberliner in Rage: Vor der Mauer an der Zimmerstraße halten sie inmitten eines Blumenmeers Mahnwache. Erstmals richten sich die Proteste auch gegen die Alliierten: In der Folge wird eine Ambulanz am Checkpoint Charlie stationiert.

Peter Fechter ist kein Einzelfall. Allerdings lässt sich immer noch nicht genau beziffern, wieviele Todesopfer die deutsche Teilung forderte. Alle damals geführten Statistiken erfassten nur einen Teil der Wirklichkeit. Als verifiziert gelten heute 136 Todesopfer allein an der Berliner Mauer. Eifrigere Quellen wie das private »Haus am Checkpoint Charlie« listen sogar über hundert weitere auf. Insgesamt sprechen sie von etwa 1.000 Menschen, die seit 1946 bei Fluchten aus Ostdeutschland umkamen. Dazu zählen sie auch 44 Soldaten, die im Dienst starben, 371 Zivilisten, die an der innerdeutschen Grenze den Tod fanden, 189 Personen, die durch die Ostsee wollten, sowie 44, die es über Drittstaaten versuchten. Gerade die Geschehnisse außerhalb Deutschlands liegen noch weitgehend im Dunkeln. Zudem gibt es Opfer, die mit Flucht gar nichts zu tun hatten: Grenzgänger, denen die Kontrollen zuviel wurden, oder Kinder, die einfach nur im Sperrgebiet spielten. Am 11. Mai 1975 fällt der gerade fünfjährige Çetin Mert ohne Fremdverschulden am Kreuzberger Gröbenufer in die Spree und ertrinkt. Das Rettungsboot der DDR-Grenzer trifft erst nach einer Viertelstunde ein. Westberliner Taucher sind zwar innerhalb von Minuten vor Ort, dürfen aber wieder Mal nicht eingreifen. Immerhin: Beide Seiten vereinbaren kurz darauf »unbürokratische Hilfeleistung« bei solchen »Unglücksfällen an der Grenze«.

Nach wie vor erzählen Einzelschicksale mehr über die Unmenschlichkeit der Mauer als jede Zahl. Allenthalben lassen sich entlang der ehemaligen Grenze Mahnmale finden, welche die Erinnerung an die Opfer wach halten. Anfangs waren einfache Holzkreuze üblich. Im Fall von Peter Fechter kam es am 13. August 1999 zu einem Gedenkort: Der Künstler Karl Biedermann schuf eine Bronzestele von der Höhe der einstigen Mauer (Foto unten). Neben der straßenseitigen Inschrift »Er wollte nur die Freiheit« markiert ein basaltroter Bodenkreis die Stelle, an der Peter Fechter niedergeschossen wurde. Die schlichte Form des Mahnmals hebt sich deutlich von den poppig-postmodernen Neubauten ab, die ein Jahr zuvor am Ausgangspunkt seiner Flucht entstanden.

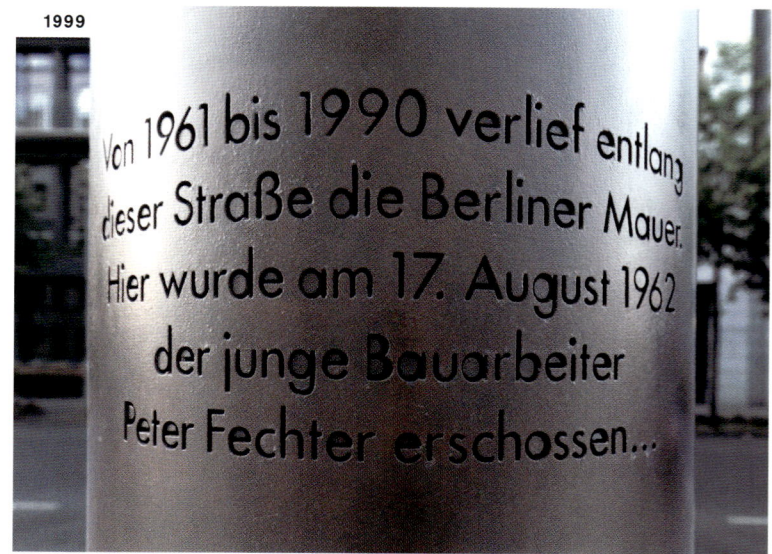

1999

1961

Grauzone:
Nimmt man nur die Zimmerstraße, forderte die Berliner Mauer allein im Sommer 1962 zwei Todesopfer: Am 17. August vereitelte Kugelhagel die Flucht von Peter Fechter; bereits zwei Monate zuvor wurde der Grenzer Reinhold Huhn von einem Fluchthelfer erschossen. Wieviele Menschenleben die Deutsche Teilung insgesamt kostete, kann bis heute allerdings nur grob geschätzt werden.

Erinnerungslandschaft:
Die Zimmerstraße ist ein Kernbereich des Mauergedenkens. Höhe Jerusalemer Straße erinnert eine Tafel an die Tunnelflucht, bei der der Grenzer Huhn ums Leben kam. Zwischen Charlotten- und Markgrafenstraße steht das Mahnmal für Peter Fechter, am Checkpoint Charlie die zentrale Open-Air-Ausstellung und, in der Verlängerung der Niederkirchnerstraße, der drittlängste Mauerrest Berlins.

06 Zimmerstraße

14. September 1962
Mauerflucht: U-Bahnhof *Bernauer Straße*

14. September 1962: In sieben Meter Tiefe klettern an die drei Dutzend Menschen unter der Mauer durch. Den 120 Meter langen Tunnel haben 40 Westberliner Studenten gegraben: Vier Monate lang arbeiteten sie im Dreischichtbetrieb rund um die Uhr, bis sie an der Schönholzer Straße 7 (Foto rechts oben) durchbrechen. Als sie dabei eine Wasserleitung treffen, helfen die Weddinger Behörden unbürokratisch. Finanziert wird all der Aufwand durch den Verkauf der Filmrechte an die amerikanische NBC. So ist das Fernsehen live dabei, als 27 DDR-Bürger und zwei Kleinkinder aus einem Schuppen an der Bernauer/Ecke Wolgaster Straße steigen.

Rund 40 Tunnel werden in den Mauerjahrzehnten in und um Berlin ausgehoben, drei allein in der Bernauer Straße. Andere Fluchtwege sind nicht weniger waghalsig: Menschen klettern durch die Kanalisation, hangeln sich an Wäscheleinen Fassaden herab, spannen Seilbahnen, schwimmen durch die Ostsee. Sie kapern Lokomotiven, Lkw, Panzer, Planierraupen, Ausflugsdampfer oder Linienmaschinen. Sie basteln Ballons, Superleichtflieger und U-Boote. An den Transitstrecken springen sie auf fahrende Züge, verstecken sich unter Kühlerhauben, in Kabeltrommeln oder in einer als »Kunstobjekt« getarnten Kuh. Ausländische Staatsbürger verlieren voller Absicht ihre Pässe, andere Papiere werden gefälscht. Manchmal ist es auch nur rohe Gewalt, die ein Loch in die Mauer sprengt.

Für über 40.000 Flüchtlinge lohnt sich das Risiko, jeder achte kommt über Berlin, die Hälfte davon in den ersten Monaten nach dem Mauerbau. Danach werden die Helden selten. Die Fluchthilfe, welcher der Westen anfangs inoffiziell Amtshilfe leistete, stört nun die Entspannungspolitik. Zugleich wird das Grenzregime immer perfekter. Letztlich kommt auf jede geglückte Flucht ein Vielfaches an gescheiterten Versuchen. Wer verhaftet wird, verbringt die nächsten Jahre im Gefängnis. Nur wer über gute Westkontakte verfügt, gelangt dann höchstens über den Umweg Häftlingsfreikauf in die Freiheit.

Der dramatischen Fluchtaktion zwischen Bernauer und Schönholzer Straße setzt der Fernsehsender SAT1 Anfang 2001 mit dem dramatischen Spielfilm *Der Tunnel* ein Denkmal. Im Zuge der Dreharbeiten wurden die Überreste der Original-Operation ausgegraben. Ein Sandstreifen auf dem Mauerstreifen kündet noch heute davon.

Fluchtpunkt:
Parallel zur U-Bahn fanden in der Bernauer Straße gleich drei Tunnelfluchten statt. Am linken Bildrand verborgen fand im Sommer 1962 die am besten dokumentierte Grabung statt. Vor Ort lassen sich noch heute Spuren dieser Operation finden.

1964

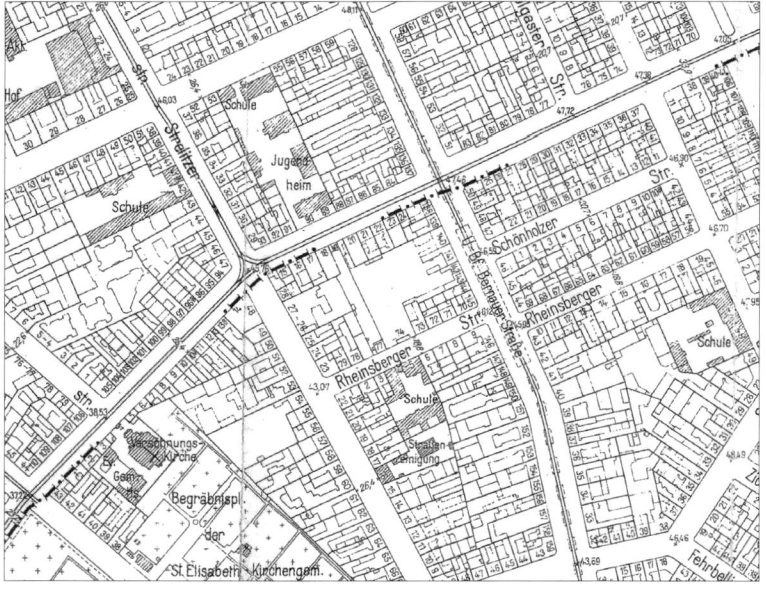

Originalfassung:
120 Meter liegen zwischen der Schönholzer und der Bernauer/Ecke Wolgaster Straße. Für 40 studentische Fluchthelfer bedeutete das im Sommer 1962 vier Monate Graben. Am Ende gelangten 29 DDR-Bürger in den Westen; das US-Fernsehen war live dabei.

2008

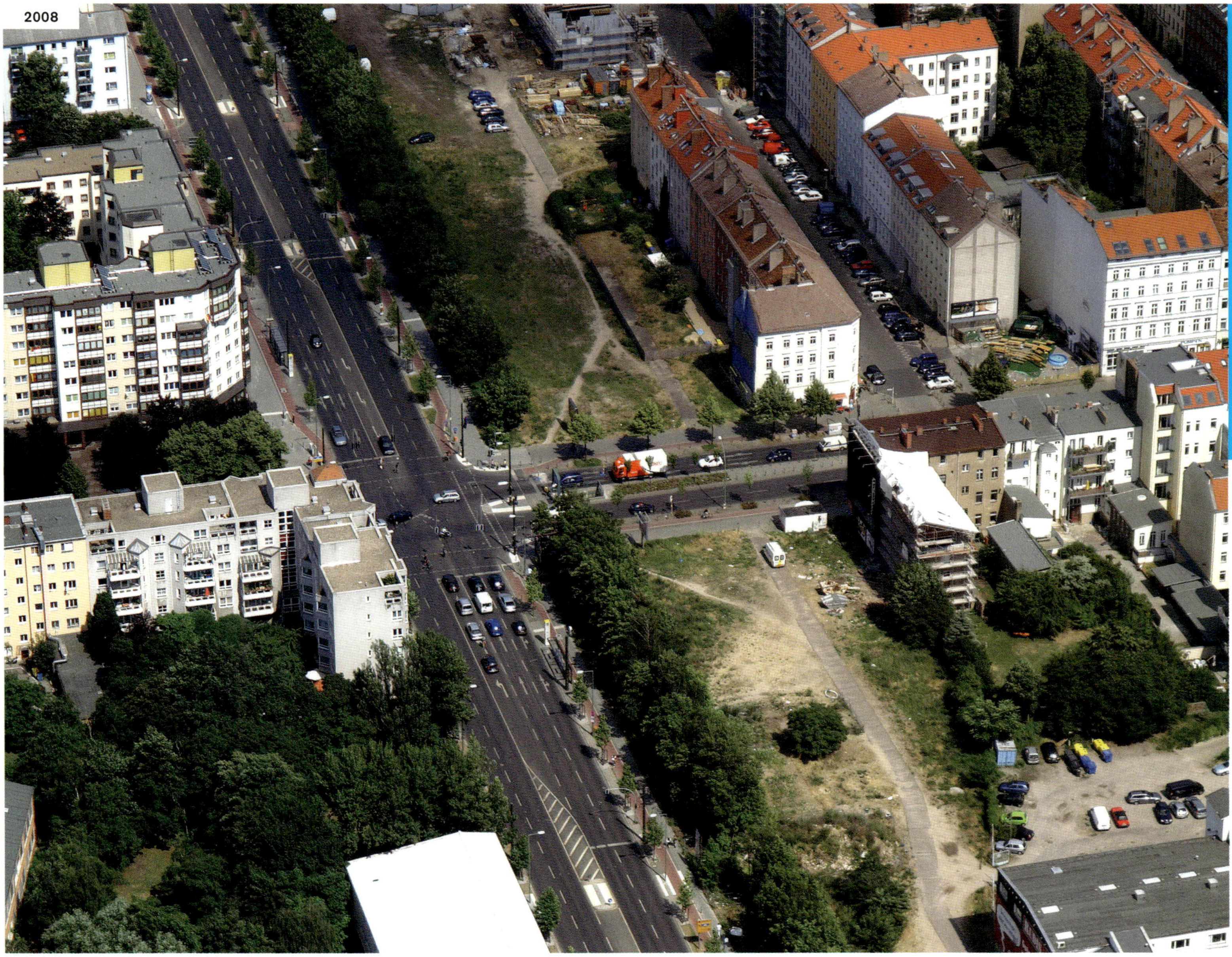

Remake:
Mit dem Spielfilm *Der Tunnel* setzte der Fernsehsender SAT1 der spektakulären Flucht in den Westen von 1962 im Jahr 2001 ein Denkmal. Im Zuge der Dreharbeiten wurden die Überreste der Original-Operation ausgegraben.

Bernauer/
Eberswalder
Straße
Chausseestraße
Invalidenstraße
Bahnhof
Friedrichstraße

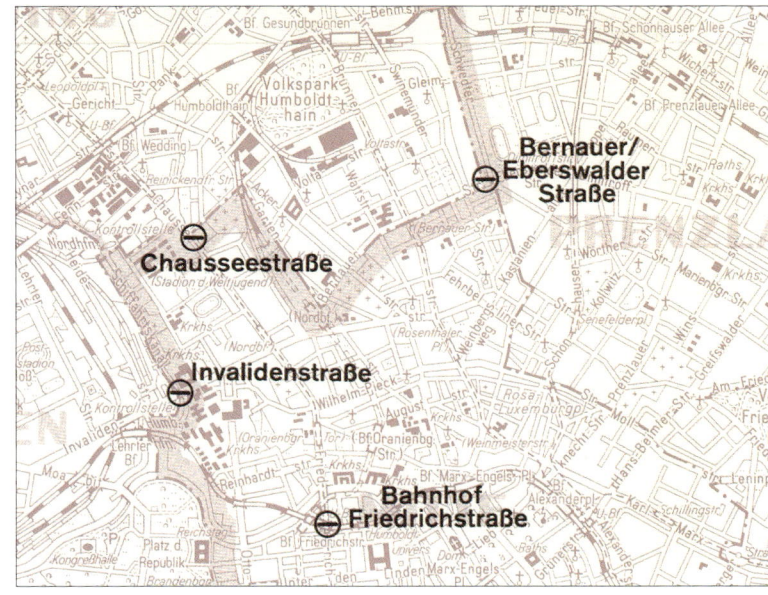

07 U-Bahnhof *Bernauer Straße*

19. Dezember 1963
Entspannung auf Besuch: Oberbaumbrücke

19. Dezember 1963: Auf der Oberbaumbrücke, die seit dem Mauerbau unpassierbar ist, drängen sich die Menschen. In langen Schlangen schieben sie sich von Kreuzberg nach Friedrichshain. Sie haben Taschen voller Geschenke dabei und, das Wichtigste: ihren Passierschein. Um ihn zu bekommen, haben sie viele Stunden vor Westberliner Schulen angestanden. Nachdem ihre Anträge zwischenzeitlich in Ost-Berlin bearbeitet wurden, war bei der Abholung noch einmal soviel Wartezeit nötig. Doch niemand murrt. Auch die Grenzer, die am östlichen Brückenkopf in einem Wald von Kontrollhäuschen Dienst tun, sind von ausgesuchter Höflichkeit. Unter der DDR-Flagge grüßt ein Schild: »Auf Wiedersehen Weihnachten 1964«. Das Bemühen aller Beteiligten gilt einer Premiere: Erstmals seit zweieinhalb Jahren dürfen Westberliner wieder in den Ostteil der Stadt. Die Erlaubnis gilt vorerst nur für die Feiertage bis zum 5. Januar 1964. Doch kommt es in diesen nicht einmal drei Wochen zu über 1,2 Millionen Besuchen!

All das ermöglichte das erste Passierscheinabkommen. Bis sich die beiden Stadtregierungen darauf verständigten, war es ein weiter Weg. Konkret musste eine Genehmigungspraxis ausgehandelt werden, ohne dass Ost-Berlin Hoheitsakte im Westteil vollzog. Allgemein ging es um ein Miteinander, wo bis dato nur der Gegensatz geherrscht hatte. Der erste, der seinen Standpunkt überdachte, war Willy Brandt. Nachdem Westberlins Regierender Bürgermeister militärische Maßnahmen gegen die »Schandmauer« erwogen hatte, erklärte er Ende September 1961: »Es muss alles getan werden, damit die Mauer, solange sie nicht beseitigt ist, wenigstens durchlässiger wird.« 22 Monate später verkündet sein Pressesprecher Egon Bahr die neue Strategie: »Wandel durch Annäherung«.

Daraus ergeben sich bis 1966 noch drei weitere Passierscheinabkommen, welche die Besuchszeiträume etwas erweitern. Damit sind allerdings die Möglichkeiten der beiden Berlins erschöpft. Für mehr braucht es Veränderungen auf höchster Regierungsebene. Im Oktober 1969 wird Willy Brandt zum Bundeskanzler gewählt. Binnen Jahresfrist erkennt die BRD die Nachkriegsgrenzen gegenüber der Sowjetunion und Polen an. Nachdem Erich Honecker im Mai 1971 die SED-Führung von Walter Ulbricht übernimmt, eröffnen sich auch innerhalb Deutschlands neue Spielräume. Keine 24 Monate später sind eine ganze Reihe von Vertragswerken in Kraft gesetzt, mit denen die Alliierten und beide deutschen Staaten den Status quo soweit absichern, dass der Politik der kleinen Schritte der Weg geebnet ist. So vereinfacht das Transitabkommen den Verkehr zwischen der BRD und Westberlin ab dem 3. Juni 1972.

Zugleich eröffnen die »Vereinbarungen über Erleichterungen und Verbesserungen des Reise- und Besucherverkehrs« erstmals dauerhaft Besuchswege in den Osten. Demnach sind jedem Westbürger bis zu 30 Tagesausflüge im Jahr erlaubt, ab 1988 kann der Grenzübergang auf Antrag sogar erst am Folgetag passiert werden. Nachdem es über sechs Jahre gar keine Ostbesuche gab, testen Pfingsten 1972 eine Million Berliner die Neuregelung. Es folgen etwa drei Millionen Reisen jährlich, bis 1980 – infolge der Verfünffachung des Mindestumtauschs – zwei Drittel davon wegfallen. Alles in allem unternehmen Westberliner bis 1989 rund 44 Millionen Ausflüge in die DDR. Akribisch füllen sie die Anträge in den Besucherbüros aus, folgsam erdulden sie sämtliche Kontrollen an der Grenze.

Reisen von West nach Ost mögen ein Alltagsabenteuer sein, in umgekehrter Richtung bleiben sie die Ausnahme. Nach November 1964 erhalten zunächst nur Rentner die Möglichkeit dazu: einmal pro Jahr bis zu vier Wochen lang. Für Jüngere gibt es acht Jahre später die erste offizielle Regelung: Bei dringenden Familienangelegenheiten dürfen sie zum Ehegatten oder zu Verwandten ersten Grads reisen, aber nur, solange der Arbeitgeber zustimmt und nahe Angehörige (insbesondere Kinder) zurückbleiben. Angesichts der vielen Einschränkungen werden in der ersten Dekade innerdeutsch nur ganze 40.000 Besuche genehmigt, nach Erleichterungen 1985 sind es immerhin 66.000. Trotzdem ist maximal jeder sechste Ost-West-Reisende DDR-Bürger, das Rentenalter noch nicht erreicht hat höchstens jeder Hundertfünfzigste!

Insgesamt bleibt Berlin, wo rund die Hälfte der Grenzübertritte stattfindet, von Freizügigkeit weit entfernt. Insbesondere auf der Fußgängern vorbehaltenen Oberbaumbrücke ist der Besucherstrom selten mehr als ein dünnes Rinnsaal. Bis zum Mauerfall lohnt es nicht, sie mehr als notdürftig instand zu halten.

Längst ist die Oberbaumbrücke kein Nadelöhr mehr. Ab 1992 erfolgte die Grundsanierung dieser Brücke. Zwei Jahre später ist sie erstmals seit Kriegsende wieder für Kraftfahrzeuge passierbar. Das ruinöse Mittelstück für die U-Bahn lässt der spanische Architekt Santiago Calatrava binnen weiterer zwölf Monate durch eine sehr schwungvolle Neukonstruktion ersetzen. Doch mitunter stauen sich die Menschen auch heute noch auf der Oberbaumbrücke: Etwa zu Silvester oder zur sogenannten Gemüseschlacht, mit der Kreuzberger und Friedrichshainer seit 1998 regelmäßig spielerisch gegen die Vereinigung ihrer Bezirke angehen!

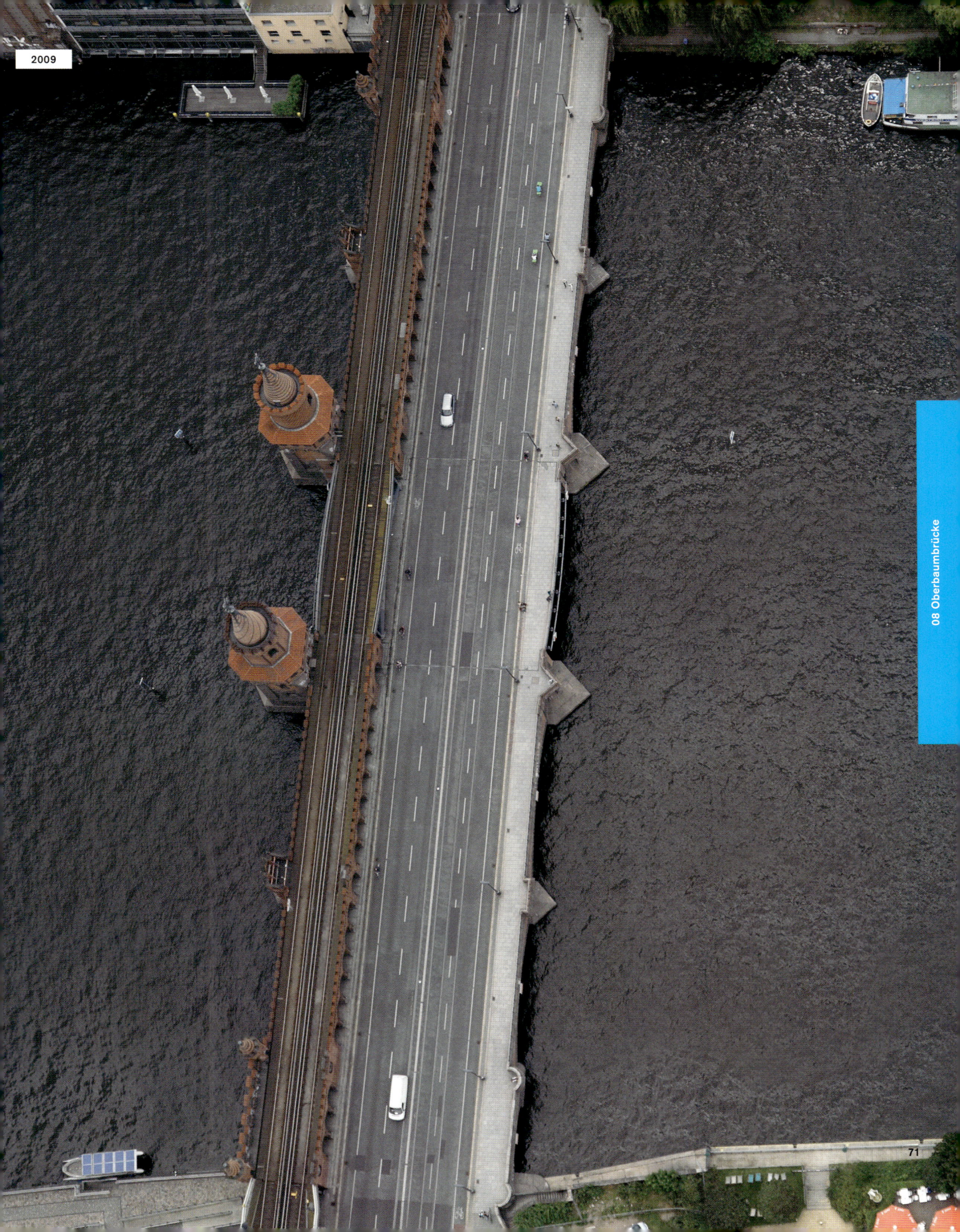

1976

Einseitig:
Anfang der Siebzigerjahre erleichtert ein Vertragsmarathon den Verkehr zwischen Ost und West. Zur Abwicklung genügt an der Oberbaumbrücke gleichwohl ein Behelfssteg, zu dem das kriegbeschädigte Bauwerk 1963 rekonstruiert wurde. Nicht einmal jeder Hundertfünfzigste Passant ist DDR-Bürger unterhalb des Rentenalters!

2008

08 Oberbaumbrücke

Einzigartig:
Inzwischen sind nicht nur Deutschland und Berlin vereint, sondern auch Kreuzberg und Friedrichshain. Die Oberbaumbrücke stellt die einzige Verbindung zwischen den zusammengelegten Bezirken dar. Ihre originalgetreue Rekonstruktion konnte 1995, fast hundert Jahre nach der Ersteinweihung, abgeschlossen werden.

08 Oberbaumbrücke

08 Oberbaumbrücke

29. September 1964
Auf Basis der Mauer: Stadtzentrum

29. September 1964: DDR-Ministerrat und SED-Politbüro stehen vor einer Richtungsentscheidung, die an Symbolkraft kaum zu überbieten ist: Wie soll der Aufbau des sozialistischen Stadtzentrums abgeschlossen werden? Kurz vor dem 15. Geburtstag der Republik steht Ost-Berlin noch immer ohne Mitte da. Zwischen Alexanderplatz und Spreeinsel erstreckt sich eine Trümmerwüste. Zwei Drittel der Bestandsbauten wurden im Zweiten Weltkrieg zerstört. Weiteres ließ die DDR-Führung abreißen, so Ende 1950 das Berliner Stadtschloss, ohne dass der junge Staat etwas an seine Stelle zu setzen vermochte.

Der letzte Versuch, sich wenigstens auf eine Vision zu einigen, hatte das Vakuum sogar noch verstärkt: Im »Ideenwettbewerb zur sozialistischen Umgestaltung der Hauptstadt der DDR«, der gut drei Jahre vor dem Mauerbau ausgetragen worden war, stellte sich Ost-Berlins Chefarchitekt Hermann Henselmann offen gegen Baustaatssekretär Gerhard Kosel. Nach dessen offiziellem Leitentwurf war das Herrschaftsforum an der Spreeinsel streng an der Parteilinie auszurichten: mit einem 25 Meter hohen Marx-Engels-Denkmal und einem mindestens fünfmal so mächtigen Regierungshochhaus, wofür der Fluss aufwendig hätte verbreitert werden müssen. Henselmann markierte die Mitte dagegen mit etwas ungleich Leichterem: einem Fernsehturm, flankiert von Flachbauten und Wohnscheiben.

Tatsächlich war der riesige Regierungspalast fern von der Realität. Sie wurde von Mangel geprägt, welcher sich durch die damals noch offenen Grenzen und die rigide Sozialisierung zusehends verschärfte: Arbeiter setzten sich in immer größerer Zahl in den Westen ab, Baumaterialien waren gar nicht erst vorhanden. Der Aufbauplan, nach dem Ost-Berlin seit 1950 gemäß dem Prinzip des sozialistischen Zentralismus umgekrempelt wurde, war längst obsolet geworden. Sein Hauptvorhaben, die Boulevards Unter den Linden und Frankfurter Allee zur Via Triumphalis der DDR zu verschmelzen, steckte am Forum Fridericianum beziehungsweise an der Stalinallee (heute: Karl-Marx-Allee) fest. Bei ihrer Verlängerung vom Strausberger zum Alexanderplatz, die 1959 begann, konnten schon keine Arbeiterpaläste mehr realisiert werden, sondern nur mehr Zweckbauten, wie sie auch Henselmann forderte. Trotzdem zeigte sich die Staatsführung durch dessen offene Opposition brüskiert; der Chefarchitekt musste seinen Posten räumen.

Nun, 1964, fällt die Entscheidung klar zugunsten Henselmanns: Sein Zentrumsentwurf wird als Ausdruck dafür gewertet, wie sehr der Mauerbau das Kollektiv konsolidiert hat. Jetzt ist der Weg frei für die realsozialistische Praxis. Ganz Ostdeutschland, in dem bis zum Zweiten Weltkrieg der Landbau dominierte, steigt zu einem der zehn leistungsstärksten Industriestaaten der Welt auf. In Berlin werden Schlag auf Schlag die Bausteine des Stadtzentrums in Angriff genommen: Henselmanns Haus des Lehrers, seine Kongresshalle und das Staatsratsgebäude können noch im selben Jahr eingeweiht werden; binnen 24 Monaten folgt das Ministerium für Auswärtige Angelegenheiten. Ab 1969 sieht die ganze Stadt im Fernsehturm das Fanal des Aufbruchs im Osten. Weitere vier Jahre später ist das gesamte Areal zwischen Alexanderplatz, Rathaus-, Karl-Liebknecht- und Spandauer Straße neugestaltet. Der Sozialismus manifestiert sich kaum noch materiell, vielmehr schwelgt das Kollektiv in Großräumen. Am Alexanderplatz säumen generöse Balustraden selbst das Warenhaus, was im Westen undenkbar wäre.

Zugleich nimmt das zentrale Bauwerk konkrete Form an: Statt des überhöhten Regierungsturms entsteht bis 1976 der Palast der Republik – als Symbiose aus Parlament und Vergnügungstempel! Wie sehr die Ideologie geschrumpft ist, offenbart schließlich der sakrosankte Schlussstein, der erst zehn Jahre später fertig wird. Das Marx-Engels-Forum führt die beiden geistigen Väter der DDR als kaum übermannshohe Figuren vor. Sie ruhen in einem postmodernen Park, als sollten sie sagen: Anything Goes!

Gleich nach dem Mauerfall tut sich in der Mitte Berlins abermals ein Vakuum auf. Das geeinte Deutschland kann mit dem Machtzentrum der DDR nichts anfangen: Im »städtebaulichen Ideenwettbewerb Spreeinsel« beschäftigt es 1993 1.400 Architekten in aller Welt, Gründe für seinen Abriss zu finden. Schon zuvor steht fest, dass ein neues Regierungsviertel entsteht – und zwar am Spreebogen. Den Palast der Republik, den bereits die letzte DDR-Regierung wegen Asbests schloss, sowie das Außenministerium lässt die Bundesregierung schließlich abtragen, lange bevor Ersatz greifbar wäre. Dafür gibt es zwar von Anfang an nur eine Idee: den Wiederaufbau des Stadtschlosses. Doch erst im Jahr 2001, als sich die Staatlichen Museen als Hausherren andienen, wird aus der Bürgerinitiative ein politisches Projekt. Im Folgejahr beschließt der Bundestag den Bau des Humboldt-Forums innerhalb zu rekonstruierender Fassaden; 2008 wird Franco Stella als Architekt gekürt. Der erste Spatenstich ist noch nicht terminiert. So dürfte Gesamtdeutschland mit der Mitte Berlins kaum schneller fertig werden als die DDR!

1973

Konsolidiert:
Nachdem anderthalb Jahrzehnte fast nichts geschah, stampft Ost-Berlin nach dem Mauerbau ein vollkommen neues, nun sozialistisches Stadtzentrum aus dem Boden. Wie das Bild zeigt, ist es bereits 1973 fast fertig. Palast der Republik, Nikolaiviertel und Marx-Engels-Forum werden es planmäßig komplettieren.

2008

Konserviert:
Zwischen Spreeinsel und Alexanderplatz sieht das sozialistische Stadtzentrum 2008 noch aus wie ehedem – mag das Drumherum auch längst umgekrempelt sein. Inzwischen ist klar: Der Ersatz des Palasts der Republik, der im Bild links gerade abgerissen wird, dauert genauso lange wie sein Aufbau einst.

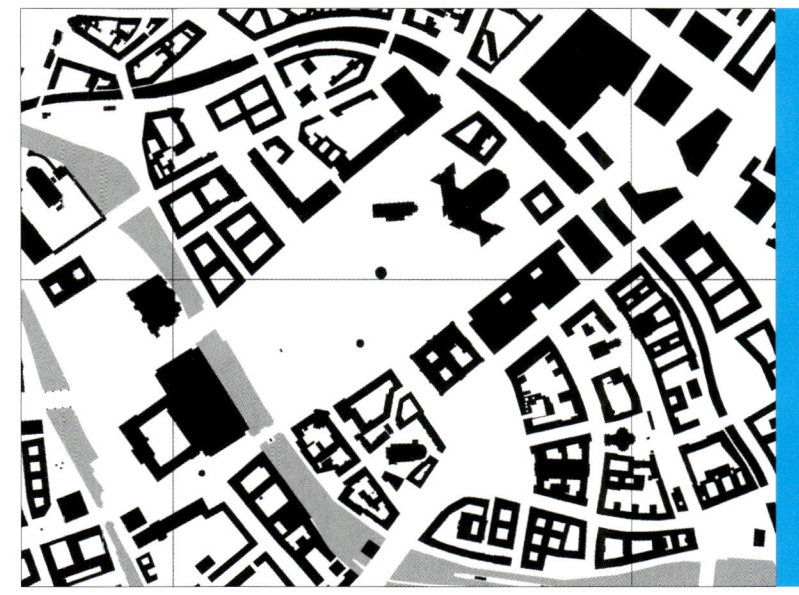

09 Stadtzentrum

Herbst 1964
Mauerkonstrukte: Zwischen Garten- und Liesenstraße

Herbst 1964: Das SED-Politbüro konfrontiert den Kommandanten der Berliner Grenztruppen mit den aktuellen Flüchtlingszahlen. Demzufolge vergeht kein Tag, ohne dass eine Person die Mauer überwindet. Generalmajor Helmut Poppe rechtfertigt sich mit dem Zustand der Sperranlagen.

Tatsächlich war der Bau der Mauer bis dato weitgehend improvisiert. Infolge der Geheimhaltung war das Terrain im August 1961 nicht vorbereitet. Da die Absperrungen peinlich genau den Grenzverlauf nachvollzogen, blieben sie Stückwerk. Den zwischen Betonpfähle gespannten Drahtverhauen der ersten Stunden folgten ab 15. August 1961 Halbzeuge aus dem Wohnungs- sowie Straßenbau: Hohlblockquader, vor Ort gemauerte Ziegelreihen und Betonschwellenstapel. Sie standen fundamentlos auf der Straße, stießen frontal auf bestehende Gebäude und Mauern oder überkletterten – wie in der Garten-/Ecke Liesenstraße – Böschungen, Brücken und Friedhöfe. Diese ruppige Konstruktion mochte der Westen als »Schandmauer« denunzieren – doch genauso sah sie aus!

Ab Ende September 1961 wächst sich die simple Grenzmauer zum 15 bis 100 Meter breiten Sperrstreifen aus: Die Gebäude darauf werden in großem Stil abgerissen. Es entstehen Richtung Osten einseitig wirksame Kfz-Sperren, hölzerne Wachtürme, Kolonnenwege, Lichttrassen, Hundelaufanlagen, Signalzäune sowie die sogenannte Hinterlandmauer, die aus I-Profilen und Betonplatten besteht und von einem Asbestrohr gekrönt wird. Im 500 Meter breiten Sperrgebiet davor sorgen Stacheldraht, Gitter und Glasscherben, Blumenkübel und Stahlrohrbarrieren sowie allerlei Zäune für die Sicherung des Vorfelds.

Die anfangs nur abschnittsweise erprobten Technologien kommen nach dem Ausbauplan, den Poppe im Mai 1965 vorlegt, durchgängig zur Anwendung. Dafür wird der Grenzverlauf nochmals begradigt. An die Stelle der alten Holzwachten treten Beobachtungstürme, bei denen mehrere Fertigteile aus dem Kanalisationsbau einen runden Schaft mit sechseckigem Ausguck bilden. Auch wird der westseitige Wall nach Art der Hinterlandmauer ersetzt. Als diese Maßnahmen Anfang der Siebzigerjahre vollendet sind, funktioniert die Grenzsicherung nahezu perfekt: Nur mehr rund 50 Menschen gelingt jährlich die Flucht von Ost- nach Westberlin.

Zwei Mängel behebt allerdings auch die 3. Mauer-Generation nicht: Nach wie vor erfordert die Mauer viel Instandhaltungsaufwand und wirkt optisch viel gräulicher, als die DDR gesehen werden will. So kommt es zu einem Entwurf, der laut Grenztruppen-Kommandeur Klaus-Dieter Baumgarten »wartungsarm und formschön« sein soll: Die Grenzmauer 75 besteht aus 15 Zentimeter starken Betonfertigteilen, wie sie für Schüttgutlager entwickelt wurden. Jedes Segment ist 1,20 Meter breit, so schwer, dass es per Kran montiert werden muss, und mit bis zu 3,60 Meter höher denn je. Dank des asymmetrischen Fußes steht die Mauer selbstständig und kann kaum untergraben oder durchbrochen werden. Bis Mitte der Achtzigerjahre ersetzt diese Konstruktion alle Vorgänger. Zugleich wird der Todesstreifen entrümpelt: Diverse Absperrungen verschwinden; die schlichten Beobachtungsstelen der Serie BT 9 lösen die martialischen Ausgucke der Serie BT 11 ab; alles wird blütenweiß gestrichen. Aufgeräumt und unantastbar ist das Mauer-Bild, das sich einprägt.

Die Ecke zwischen Liesen- und Gartenstraße ist heute quasi die einzige Stelle, an der sich immer noch alle Konstruktionen der Berliner Mauer finden lassen: Für die Improvisation der ersten Zeit steht das Viadukt entlang der Gartenstraße, das 1961 zur Grenzbefestigung hochgerüstet wurde. Stümpfe der ersten Hohlblockmauer stehen an der Liesenstraße, kurz vor der Einmündung in die Chausseestraße. Einen Eindruck der dritten Sperr-Generation vermitteln Hinterlandmauern rund um die Friedhöfe (Foto unten), denen allerdings das typische Asbestrohr fehlt. Und unmittelbar westlich der S-Bahn-Brücke stehen noch 15 Meter jenes Konstrukts, das Ikone der Teilung wurde: die Grenzmauer 75.

1966

6. Oktober 1966
Zwei Städte: Axel-Springer-Haus

6. Oktober 1966: Einen Tag vor dem 17. Gründungstag der DDR ist das ehemalige Zeitungsviertel nicht nur von Ost-Berlin aus abgesperrt. Auch im Westteil der Stadt kommt der Verkehr zum Erliegen. Der Regierende Bürgermeister Willy Brandt, Bundespräsident Heinrich Lübke, Finanzminister Franz Josef Strauß, *Spiegel*-Herausgeber Rudolf Augstein, Box-Legende Max Schmeling, Großdichter Günter Grass und 600 weitere Ehrengäste fahren vor, um das neue Pressehaus von Axel Springer einzuweihen. Nur der südliche Bürgersteig der Zimmerstraße trennt den Neubau von der Mauer.

Das Presseprojekt war von Anfang an hochpolitisch. Den Grundstein lässt Springer am 25. Mai 1959 legen, zwei Tage vor Ablauf des Chruschtschow-Ultimatums (siehe Kapitel *Vor der Mauer: Checkpoint Bravo*): Das Gebäude soll Ausdruck »unseres festen Glaubens an die geschichtliche Einheit dieser Stadt und an die geschichtliche Einheit Deutschlands« sein. Im Gegensatz zu vielen anderen Investoren zieht sich Springer auch nach der Abriegelung Berlins nicht zurück. Selbst US-Präsident John F. Kennedy würdigt das: »Man kann gar nicht anders«, so seine Grußadresse, »als die Entschiedenheit und den Mut zu bewundern, an dieser Stelle Ihre Gebäude zu errichten.«

Auch die Gestaltung hat Symbolcharakter: Bis auf 78 Meter Höhe wächst sich das Bauwerk aus. Golden glänzt das eloxierte Aluminium, mit dem das deutsch-italienische Architektenteam Bega & Franzi, Sobotka & Müller die Fassade verkleidet. Unterm Dach hängen Nachrichten-Leuchtbänder sowie ein Monumentalgemälde von Altmeister Oskar Kokoschka, Titel: »Berlin – 13. August 1966«. Unübersehbar ist es ein »Leuchtturm der Freiheit«!

Die DDR nimmt die Provokation an: Drei Jahre nach der Einweihung des Pressehauses beginnt sie ihr bis dato größtes Wohnungsbauprojekt in der Hauptstadt. Nach dem Entwurf von Joachim Näther, Peter Schweizer, Dorothea Tscheschner und Dieter Schulze platziert Werner Strassenmeier senkrecht zur Südseite der Leipziger Straße vier Turmpaare. Die 22 bis 25 Geschosser, die Johannes Gitschel und Wolfgang Ortmann bis 1977 realisieren, sind so ausgerichtet, dass ihre Bewohner kaum nach Westberlin schauen können, aber immernoch so hoch, dass sie Axel Springers Aussicht versperren (Foto rechts unten).

Die Leipziger Straße ist nicht der einzige Ort, an dem die Spaltung systematisch in den Stadtkörper eingeschrieben wird. Überall in Berlin kommt es zu Doppelungen. So entsteht ab 1964 die Staatsbibliothek am Kulturforum als Pendant zum Stammhaus Unter den Linden beziehungsweise zur Museumsinsel. Im Gestaltungswettbewerb setzt sich Hans Scharoun durch, der direkt nach dem Zweiten Weltkrieg erster Baustadtrat ganz Berlins war. Nun begräbt seine Staatsbibliothek die Alte Potsdamer Straße, die bis zur Teilung Nabelschnur zwischen dem westlichen Zentrum am Zoo und dem historischen Stadtkern gewesen war. Gen Osten errichtet Scharoun bis 1978 eine fensterlose Front, eine autobahnähnliche Mauerumfahrung soll folgen. So ist die neue Staatsbibliothek ein Exempel dafür, dass die Stadtplaner nach der Abriegelung Westberlins nicht mehr Auge in Auge arbeiten, sondern Rücken an Rücken.

Anders als die Mauer existieren die städtebaulichen Kraftakte, die ihrem Schatten entsprangen, noch. Heute sind sie unter Denkmalschutz gestellt und zu Bausteinen des Neuen Berlins weiterentwickelt. Es begann 1993 an der Staatsbibliothek: Im Realisierungswettbewerb für den Potsdamer Platz setzt sich der Entwurf durch, der die Planungssünden der Mauerzeit am besten kaschiert. Fünf Jahre später steht anstelle der Kulturforum-Rückseite das Musical-Theater von Renzo Piano und Christoph Kohlbecker. Das Springer-Hochhaus erhielt 1994 einen Querriegel, der in Anspielung auf die neue Offenheit transparent ist. Auf dem Grenzland wuchsen konventionelle Baublöcke, welche das alte Wegnetz hervorkehren. Für den Durchbruch zur Leipziger Straße, der entsteht, fiel ein Warenhaus aus Vor-Wendezeiten. Am Kreuzungspunkt, dem Spittelmarkt, steht seit 1998 ein Bürohochhaus, das die Architekturfirma HPP International errichtete: Von der Traufkante treppt es sich bis zur Dachhöhe der Wohntürme empor. Alte, moderne und ganz neue Stadt fügen sich, als hätte es Brüche nie gegeben.

1979

2008

11 Axel-Springer-Haus

1965

Leuchtturm:
Als einer der letzten Investoren wagt Axel Springer ein Großprojekt. Unmittelbar an der Grenze errichtet er seine Verlagszentrale. 1965 ist die Druckerei im Rohbau fertig. Ein Jahr später wird der 78 Meter hohe Redaktionstrakt eingeweiht. An der Spitze dieses »Leuchtturms der Freiheit« senden Laufbänder Nachrichten gen Osten.

Axel-Springer-Haus

2008

11 Axel-Springer-Haus

Betonmeer:
Nach dem Mauerfall verdichtet sich die Stadt, als hätte es Brüche nie gegeben. Gewöhnliche Blöcke ersetzen Brachen genauso wie Springers Parkplätze und seine flache Druckerei. Auch der Redaktionsturm ist inzwischen erweitert: In Anspielung auf die neue Offenheit gibt sich die Expansion ganz gläsern.

1971

Rücken an Rücken:
Kaum ist das Springer-Haus fertig, startet Ost-Berlin sein bis dato größtes Wohnprojekt. 1971 stehen an der Leipziger Straße schon die Grundgerüste. Sechs Jahre später versperren vier 22 bis 25 Geschosser Axel Springer die Aussicht.

11 Axel-Springer-Haus

Bruchlos:
In Erinnerung an den visionären Verleger wurde die Lindenstraße (im Bild vorn links) nach dem Mauerfall in Axel-Springer-Straße umbenannt. Was seinerzeit nur eine Sackgasse war, ist mit dem städtischen Straßennetz heute wieder voll verknüpft.

11 Axel-Springer-Haus

11. Juni 1968
Verkehr am Transitübergang: Dreilinden-Drewitz

11. Juni 1968: Im Wald westlich von Kleinmachnow kreischen die Kettensägen. Der Neubau der Grenzübergangsstelle Drewitz sowie der A 115, des damals einzigen Autobahnanschlusses Westberlins, beginnt. Der Berlin-Verkehr bekommt sein Symbol.

Ziel der DDR ist, den Transitverkehr zwischen der Bundesrepublik und der eingemauerten Stadt besser zu kanalisieren. Der alte Weg über die Grenze war nie vollkommen zu überwachen: Bis dato erreichten die Kraftwagen den Übergang erst, nachdem sie über drei Kilometer unkontrolliert außen an der Stadtgrenze entlang gefahren waren. Dagegen ist die neue Trasse nicht nur kürzer, sondern auch den Blicken der Gegenseite entzogen. Der zweite Grund für den neuen Grenzübergang waren Kapazitätsengpässe. Zeitgleich zum Baubeginn regelte die DDR den Verkehr zwischen der BRD und Westberlin neu: Auch Waren werden nun mit einer Gebühr belegt, Personen benötigen zudem Paß- und Visum. Die Kontrollen, die das nach sich zieht, empfinden Westbürger mitunter als Schikane – Staus verursachen sie tagtäglich.

Der neue Grenzübergang Drewitz, der am 15. Oktober 1969 öffnet, überwältigt mit schierer Größe: Die Autobahn weitet sich zum über 20 Hektar großen Betonfeld; das rund 200 Meter breite Dach überspannt Dutzende von Kontrolltrassen, die feinsäuberlich nach Staatsangehörigkeit, Fahrzeugart, Richtung, Transit beziehungsweise Ein- und Ausreise trennen. Sogar eine Leichenabfertigung wurde eigens installiert. Die Bauweise gibt sich so mechanisch wie die Kontrollen, die hier stattfinden. Alleiniges Achtungszeichen ist das Panzerehrenmal an der stadtseitigen Ausfahrt des Grenzübergangs: Auf seinem Sockel steht der erste T-34, mit dem die Rote Armee 1945 Berlin erreichte. Sein Kanonenrohr richtet er nach wie vor dorthin. Wer es passiert verspürt in der Regel unweigerlich ein flaues Gefühl im Magen.

Ganz anders sieht das westliche Pendant aus: Der neue Grenzübergang Dreilinden, den Hans Joachim Schröder im Auftrag des Bundesvermögensamtes errichtet, ist nach wie vor so klein, als stünde er auf einem Alpenpass. Die Neuerung besteht in einer Bürobrücke mit Beobachtungsturm: Von dort aus wird weniger der Verkehr überwacht als mehr die östliche Seite. In den Schatten stellen den eigentlichen Grenzübergang Rasthaus und Tankstelle: Für sie wählt Senatsarchitekt Rainer G. Ruemmler Pop-Art pur.

Im ersten Jahr werden in Dreilinden-Drewitz rund 2,4 Millionen Pkw abgefertigt. Das ist viel, aber nach dem sogenannten Transitabkommen, das am 3. Juni 1972 in Kraft tritt, nicht mehr genug. Der erste Staatsvertrag zwischen BRD und DDR legt fest, dass Gepäckkontrollen unterbleiben und Visa nun im Fahrzeug erteilt werden. Die bis dato von jedem einzelnen Reisenden erhobenen Gebühren deckt fortan die Transitpauschale ab. Infolge dieser Erleichterungen nimmt der Berlin-Verkehr stetig zu. Die Grenzübergangsstelle Drewitz erweitert die Fläche und modernisiert die Technik. Unter anderem werden Transportbänder für die Reisedokumente installiert sowie Röntgenstrahlen zur Durchleuchtung der Fahrzeuge.

Dadurch steigt die Kapazität auf mehr als 2.000 Fahrzeuge pro Stunde, soviel wie anfangs pro Tag. 1988 passieren an die 5,6 Millionen Pkw Dreilinden-Drewitz. Eng wird es nur mehr zum Start der Ferien, dann reicht die Autoschlange bis weit vor das Kreuz Zehlendorf zurück. Der Senat reagiert, indem er südlich davon den sogenannten Stauraum einrichtet. Der Westberliner schiebt nicht selten seinen Wagen. Dass der Urlaub im Schritttempo beginnt, findet er ganz normal.

Inzwischen rauscht die Autobahn nur so dahin. Den Panzer nahm die Rote Armee bei ihrem Abzug aus Deutschland wieder mit, postwendend setzte der Künstler Eckhard Haisch eine rosa Schneefräse auf den Sockel. Anstelle der Grenzsperren entstanden Lärmschutzwälle, hinter denen die französische Großbank Societé Generale seit Mitte der Neunzigerjahre den sogenannten Europarc Dreilinden errichtet: In dem Gewerbegebiet hat sich unter anderem auch die Deutschland-Zentrale von ebay angesiedelt. An den Grenzübergang Drewitz erinnert nur mehr ein Kontrollturm, den der Verein Checkpoint Bravo zur Gedenkstätte hergerichtet hat. Ganz anders sieht es in Dreilinden aus: Alles, was einst das Entree Westberlins bildete, steht wie eingemottet da. Alle Vermarktungsversuche verliefen im Sande, nur auf dem Stauraum campieren bisweilen Sinti und Roma. So spiegelt die poppige Stadtzufahrt immer noch wider, dass der Berlin-Verkehr zuletzt ein Happening war.

2009

12 Dreilinden-Drewitz

1968

Abenteuer Transit:
Kontrollen und Kapazitätsengpässe bringen den Autobahn-Transit zwischen Westberlin und der BRD immer wieder ins Stocken. In Dreilinden und Drewitz entstehen neue Grenzübergänge. Trotz einer Kapazität von 2.000 Fahrzeugen pro Stunde, beginnen die Ferien nach wie vor im Stau.

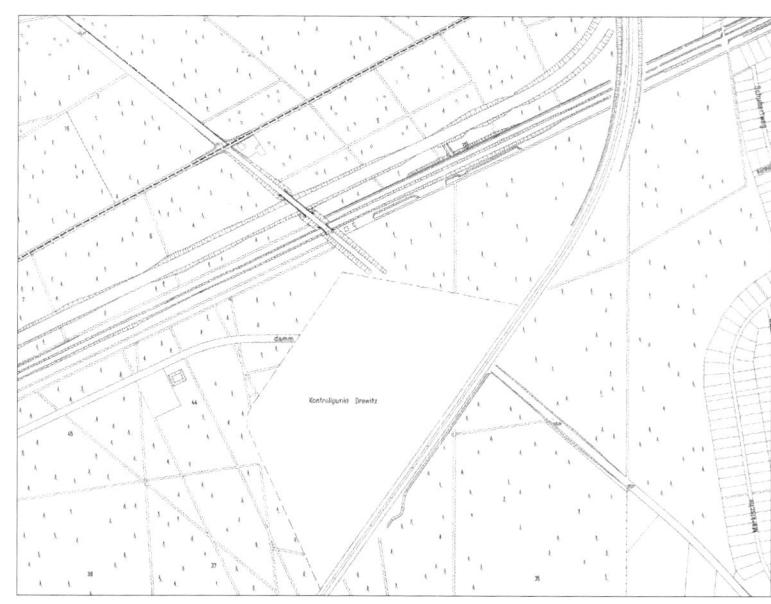

2009

Bedenklicher Geschäftsverkehr:
Mitte der Neunzigerjahre entsteht anstelle der östlichen Grenzübergangsstelle Drewitz ein Gewerbepark. Allerdings sind die über 200 Hektar Kontrollfläche zu groß, als dass sie bis heute hätten gefüllt werden können. Erhalten blieb allein die alte Führungsstelle, die inzwischen eine Gedenkstätte ist.

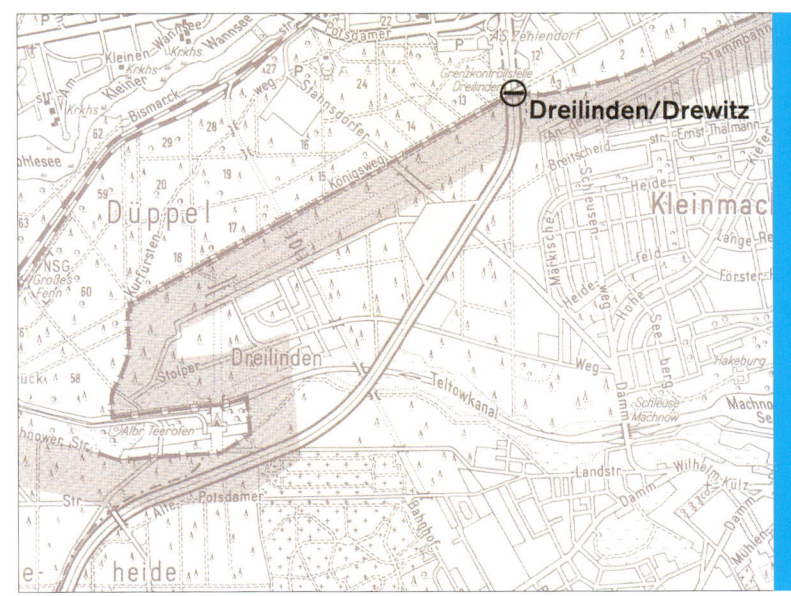

Dreilinden/Drewitz

12 Dreilinden-Drewitz

1990

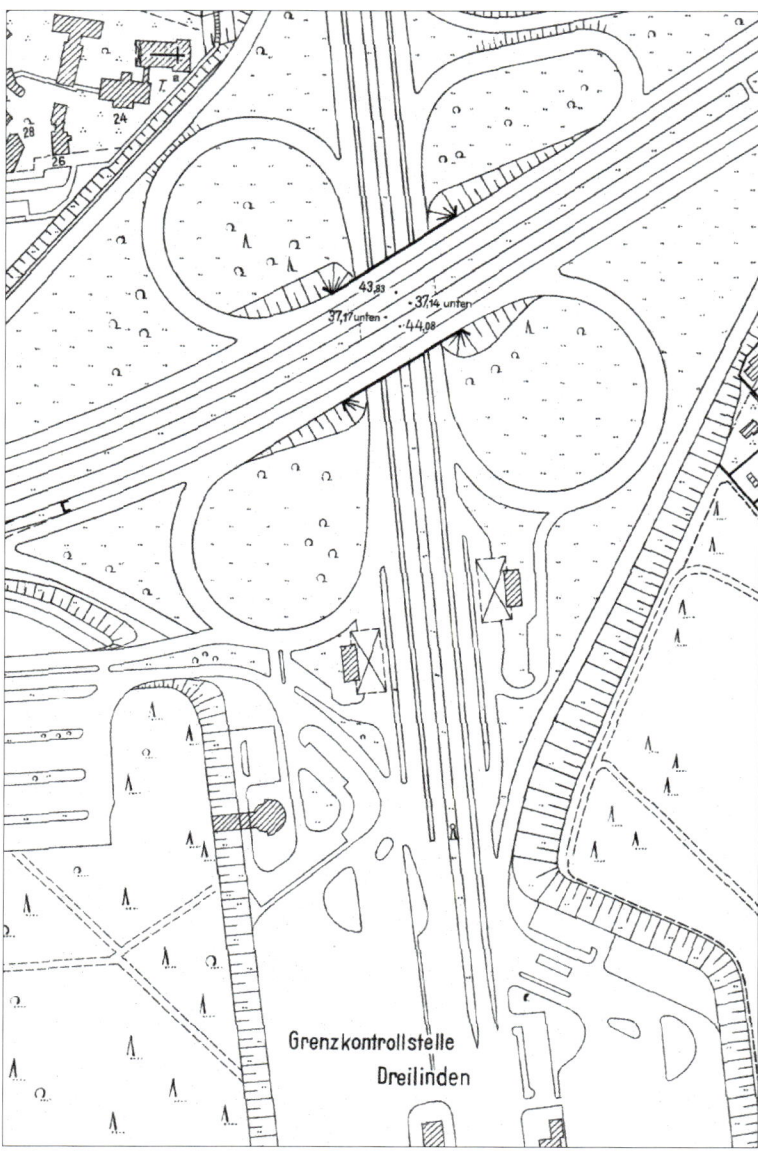

Im Visier:
Achtungszeichen der Grenzübergangsstelle war der erste T-34, mit dem die Sowjets gegen Kriegsende die Reichshauptstadt einnahmen. Bei ihrem Abzug nahmen sie auch diesen Panzer mit. Eckhard Haisch hob eine rosa Schneefräse auf den Sockel.

Aus dem Blick:
Die westliche Kontrollstelle Dreilinden ist bis heute kaum verändert. Sie steht inzwischen leer und unter Denkmalschutz. Am linken Bildrand findet sich der Stauraum, der einst Grenzschlangen von der Stadtautobahn fernhalten sollte.

1. Januar 1974
Grenzdienst: Entenschnabel

1. Januar 1974: Thomas S. und Hagen K. langweilen sich. Ihren offenen Trabant haben sie im Entenschnabel stehen gelassen. Da der Grenzstreifen um die schmale Landzunge zwischen Frohnau und Hermsdorf nur sechs Meter breit ist (Foto rechts oben), setzen sie ihre Patrouille zu Fuß fort. Der Leutnant und sein Gefreiter kontrollieren die Einfamilienhäuser auf Fluchtaktivitäten, die es in ihrem Abschnitt tatsächlich schon gegeben hat. Heute bleibt alles ruhig. Statt der Pistole zücken sie die Kamera und fotografieren hüben wie drüben. Nur etwas ist dieser Tage anders: Die beiden Soldaten sind nicht mehr Teil der Nationalen Volksarmee.

Seit Jahresbeginn 1974 sind die Grenztruppen offiziell eine eigene Streitmacht und damit von allen Rüstungskontrollen unberührt, was den Militarisierungsgrad der DDR an die Weltspitze treibt. Rund 11.500 Mann bewachen allein die Demarkationslinie zu Westberlin. Mitunter wird auch dessen Eroberung innerhalb eines Tags eingeübt. Im Durchschnitt verfügte jeder Grenzsoldat über anderthalb Feuerwaffen, von der einfachen Pistole über Flammenwerfer bis zum ausgewachsenen Panzer. Nur wer Verwandte im Westen hat, bekommt keinen Zutritt zur Truppe. Insgesamt zählt sie 50.000 Mitglieder und ist damit mehr als doppelt so stark wie seinerzeit der Bundesgrenzschutz. Zusätzliche Unterstützung bekommt sie vom Ministerium für Staatssicherheit, dessen ungezählten Mitarbeitern die Kontrolle der Grenzübergänge obliegt, sowie von immer mehr »Freiwilligen Helfern«.

Zuletzt überwacht fast jeder fünfzigste Sperrgebietsbewohner haupt- oder nebenberuflich, ob an Traktoren nachts noch Schlüssel stecken. Die Effizienz der Truppen wurde selten auf die Probe gestellt: Zwar versuchen jährlich rund 3.500 Menschen, über die Grenze zu fliehen, und nur jedem zehnten ist Erfolg beschieden. Doch werden vier von fünf Flüchtlingen bereits im Vorfeld festgenommen, zumeist durch die Volks- oder Transportpolizei. Wer indes die Sperranlagen erst einmal erreicht hat, für den steigt die Chance auf etwa eins zu drei! Wenn also das Grenzregime wirkt, dann über Abschreckung.

Umstrittenste Abschreckungsmaßnahme ist der sogenannte Schießbefehl. Das er überhaupt existierte, wird von den DDR-Verantwortlichen bis zuletzt dementiert. Tatsächlich gab es weniger eine Pflicht zu töten als vielmehr die Erlaubnis dazu. Zur Ultima ratio erhoben wurde die Schusswaffe bereits 1952, als die DDR ihre Grenze zur BRD sowie das Umland von Westberlin zum Sperrgebiet erklärte. Zu Beginn des Mauerbaus ist ihre Anwendung »kategorisch verboten«, bis der Schießbefehl am 6. Oktober 1961 erneut ergeht. Der simple öffentliche Schlachtruf: »Grenzverletzer sind festzunehmen oder zu vernichten«, ist intern an viele Vorschriften geknüpft. Regierungsvorgaben, die je nach politischer Großwetterlage anstacheln oder zurückhalten, verkomplizieren die Handhabung zusätzlich. Die jungen Wehrpflichtigen, aus denen sich die Grenztruppen mehrheitlich rekrutieren, muss das überfordern. Bis der

1982

Schusswaffengebrauch ab 3. April 1989 auf Notwehrsituationen beschränkt bleibt, lavieren sie zwischen Selbstverteidigung und Mord. So ist jeder Grenzer froh über jeden Tag, an dem kein Schuss fällt und keine besonderen Vorkommnisse zu vermelden sind. Inzwischen ist auch die Grauzone um den Waffengebrauch an der Grenze aufgeklärt. Die Schüsse zogen im geeinten Deutschland über 3.000 Ermittlungsverfahren nach sich. Vordringlich wurden die Todesfälle in und um Berlin zur Anklage gebracht, die ein Sechstel aller innerdeutschen Gewaltdelikte darstellten. Ab 1992 kamen deshalb rund 300 Personen vor Gericht. Die Justiz ging davon aus, dass sich nur verurteilen lässt, was auch damals strafbar gewesen war. Das Völkerrecht, auf das sich die DDR verpflichtet hatte, stand demnach über ihren eigenen Gesetzen, weshalb etwa die Erschießung bewaffneter Deserteure straffrei blieb. Nur einmal erkannten die Richter auf Mord, in der Regel aber auf Totschlag.

Weil der finale Schuss nicht mehr zuzuordnen oder keine Absicht nachzuweisen war, endete etwa jeder zweite Fall mit Freispruch. Die Schuld traf zu 60 Prozent die Grenzsoldaten vor Ort, die meist mit Bewährungsstrafen davonkamen. Dagegen wanderten ranghöhere Militärs, die etwa ein Drittel der Verurteilten stellten, im Allgemeinen für Jahre hinter Gitter. Knapp zwei Dutzend Angeklagte zählten zur politischen Führung der DDR: Aus gesundheitlichen Gründen wurde das Verfahren gegen Erich Honecker, Erich Mielke sowie den langjährigen Ministerpräsidenten Willi Stoph eingestellt. Ex-Verteidigungsminister Heinz Keßler, sein Stellvertreter Fritz Streletz sowie die Politbüro-Mitglieder Egon Krenz, Günter Schabowski und Günther Kleiber erhielten Gefängnisstrafen zwischen 3,5 und 7,5 Jahren. Umgekehrt wurde der Fluchthelfer, der 1962 einen Grenzsoldaten erschossen hatte, 1999 zu zwölf Monaten Haft auf Bewährung verurteilt. Heute ist die Berliner Mauer juristisch komplett aufgearbeitet. Wie zum Beweis ist auch über den Entenschnabel Gras gewachsen: Statt Mauer, Stacheldraht und Schusswaffen trennt die Häuslebauer hier nur mehr eine »grüne Grenze«.

1976

Hochsicherheitsstreifen:
Der Entenschnabel als schmale Landspitze, die nach Berlin-Frohnau hineinragt, hat beinahe soviele Bewacher wie Bewohner. Im innerdeutschen Vergleich sind die Grenztruppen der DDR zahlenmäßig doppelt so stark wie der Bundesgrenzschutz.

2008

Landidyll:
Am Entenschnabel hat der Fall der Mauer Wohnwert und Immobilienpreise besonders stark steigen lassen. Den sechs Meter breiten Gartenstreifen, den sich die Grenzsicherung einst aneignete, bekamen die Eigentümer indes zumeist nicht zurück. Das Band ist heute Biotop.

13 Entenschnabel

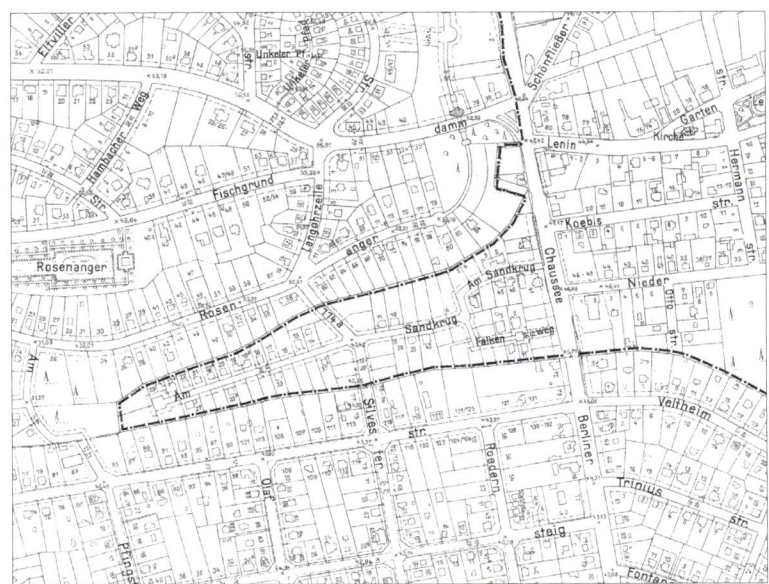

8. Dezember 1981
Das Inselparadies:
Mariannenplatz und Engelbecken

8. Dezember 1981: »Das ist unser Haus«, schallt es trotzig über den Mariannenplatz. Mit Rio Reisers *Rauch-Haus-Song* besingt das gleichnamige Jugendzentrum seine Gründung vor zehn Jahren. Nach wie vor strahlen die Quecksilberdampflampen des Mauerstreifens herüber, nur ging es damals ungleich finsterer zu. Am späten Abend des 8. Dezembers hatten sich hier an die 300 Jugendliche zusammengefunden, um das seit Monaten stillgelegte Bethanien-Krankenhaus zu besetzen. Auch die Polizei war mit mehreren Hundertschaften vor Ort. Sie brachte Schlagstöcke und Tränengas zum Einsatz, konnte aber nicht verhindern, dass sich einige Dutzend Besetzer im Gebäude festsetzen. Der Westberliner Senat sanktionierte schließlich das Jugendzentrum; drei Jahre später kommt noch das Künstlerhaus Bethanien hinzu.

Der Vorfall deutete eine Zeitenwende an. Westberlin, das sich ideell nach wie vor als »Hauptstadt im Wartestand« sah, war praktisch kaum mehr instand zu halten. Nachdem der Mauerbau die Leistungsträger vertrieben hatte, übernahm der Staat ihre Aufgaben oder Investoren, die auf Subventionen spekulierten. Besonders hart traf es Kreuzberg, das vor dem Zweiten Weltkrieg Hochburg kleiner Hauseigentümer und Handwerker gewesen war. Im Schatten der Sperranlagen verwahrloste es zunehmend (Foto rechts unten). Ab Mitte der Sechzigerjahre wurden daher die Mietskasernen im großen Stil durch Bettenburgen ersetzt. Freilich setzte die Flächensanierung langwierige Entmietung voraus, sodass sie sowohl Wohnungsnot als auch Leerstand produzierte, was den Bezirk weiter verwaiste. Zuletzt hausen in den Bruchbuden nur mehr sogenannte Gastarbeiter, die vor allem aus der Türkei angeworben wurden.

Erst nachdem die achtprozentige Berlin-Zulage und das Transitabkommen Anfang der Siebzigerjahre den Weg in die Mauerstadt ebnen, ziehen wieder verstärkt BRD-Bürger zu. Meist sind es Kinder der Achtundsechziger-Revolte, die hier der Wehrpflicht entgehen oder einfach »anders« leben wollen. Angesichts des künstlich verknappten Wohnraums, richten die Alternativen ihre Biotope in Stockwerksfabriken und Remisen ein. In rund 180 Fällen werden gemeinschaftlich ganze Abrisshäuser »instandbesetzt«. Das Milieu entwickelt eine mannigfaltige Subkultur, deren Sprachrohr die 1979 gegründete *tageszeitung* wird. Freilich bleiben Straßenschlachten an der Tagesordnung, da das politische Establishment in der Szene lange nur Störenfriede sieht. Erst Richard von Weizsäcker, Westberlins erster CDU-Bürgermeister seit über drei Jahrzehnten, befriedet die Stadt: Ab 1981 adelt der Senat systematisch Besetzer zu Besitzern!

Zu diesem Zeitpunkt ist die Kahlschlagsanierung, an der sich der Häuserkampf entzündete, längst von der Behutsamen Stadterneuerung abgelöst. Architekten wie Hardt-Waltherr Hämer und Josef Paul Kleihues haben nachgewiesen, dass sich die überkommene Stadt aus sich selbst heraus erneuern kann, ja sogar nachbauen lässt. Zum Beweis richtet der Senat entlang der Mauer die Internationale Bauausstellung aus: Nun können in Kreuzberg Ausrufezeichen der Avantgarde und grüne Hinterhofidyllen einträchtig nebeneinander besichtigt werden. Auf die IBA folgt 1987 die 750-Jahr-Feier Berlins. Als sich der Westteil zwölf Monate später auch noch als »Kulturhauptstadt Europas« präsentiert, weiß die Welt: Das Eiland im Schatten der Mauer hat sich schließlich zum Paradies gemausert!

Die Mauer mag inzwischen Geschichte sein, der »Mythos Kreuzberg« ist es noch lange nicht. Freies Schaffen, Wohngemeinschaften, begrünte Höfe, Bioläden und Multikulti – vieles seinerzeit hier Erprobte ist inzwischen allgemeiner Lebensstil. Nach wie vor zeichnet Berlin die Kreativität seiner Nischen aus, selbst wenn sie sich nicht mehr in Kreuzberg konzentriert. Der Bezirk selbst hat sich eher verfeinert als verändert. Das Künstlerhaus Bethanien präsentiert auch im 35. Jahr seines Bestehens Monat um Monat neue Ausstellungen. Auch das Rauch-Haus sieht kaum anders aus als damals.

1962

2008

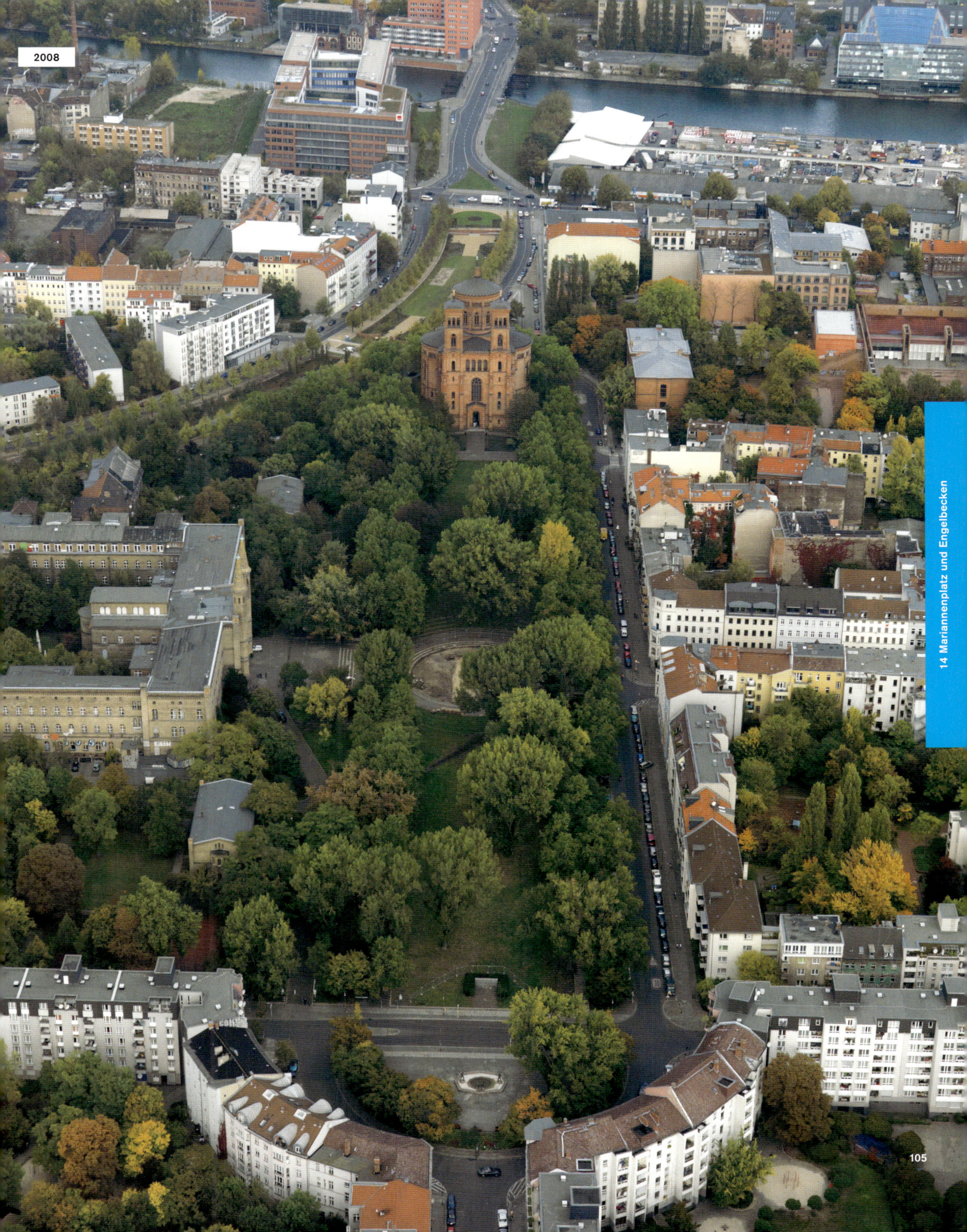

14 Mariannenplatz und Engelbecken

1976

Hinterhof:
An drei Seiten eingemauert, verwahrloste Kreuzberg zusehends, bis sich in den Siebzigerjahren an den Abrisshäusern eine neue Kultur entwickelte. Anfangs angefeindet, wird der Kiez vor dem Mauerfall populär: Mitte der Achtzigerjahre feiert die IBA die »Instandbesetzer«.

Mariannenplatz und Engelbecken

2008

14 Mariannenplatz und Engelbecken

Musterhaussiedlung:
Nach dem Mauerfall wird die Modellstadt rund um den Mariannenplatz allenthalben kopiert. Sogar bei den Plattensiedlungen hinter dem benachbarten Engelbecken kommt die Behutsame Stadterneuerung zur Anwendung. Kreuzberg verfeinert sich mehr als dass sich der Bezirk verändert.

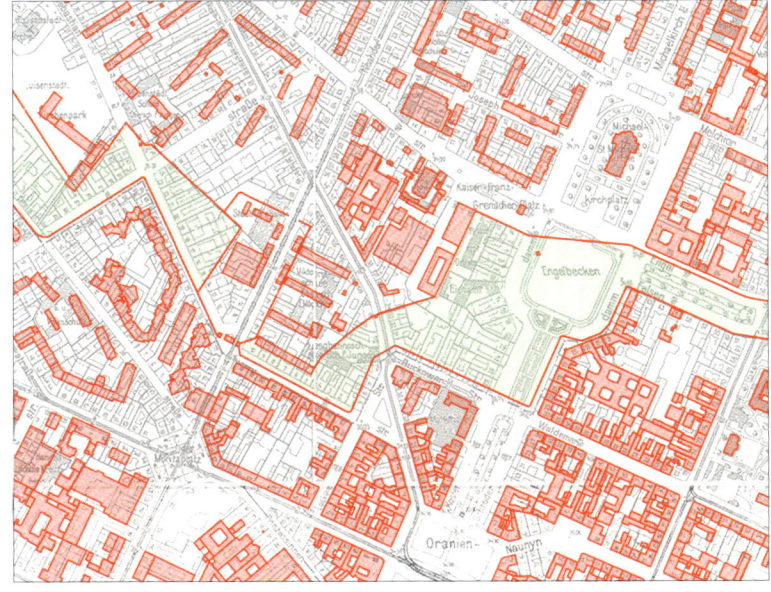

107

14 Mariannenplatz und Engelbecken

109

14 Mariannenplatz und Engelbecken

1982
Getrennte Wege:
Bahnhof *Friedrichstraße*

1982: In der großen Gleishalle des Bahnhofs *Friedrichstraße* installieren Bausoldaten eine raumhohe Stahlplattenwand. Sie trennt die Stadtbahnsteige, von denen die Reise entweder nur nach Osten oder nur nach Westen geht. Damit kulminieren an der Friedrichstraße die getrennten Wege, auf denen die beiden Berlins verkehren. Von Ferne betrachtet sah das bis dato anders aus: In den Stadtplänen der Mauerzeit markierte der Bahnhof *Friedrichstraße* die einzige Gemeinsamkeit jenseits der Grenze. Egal ob Nord, Süd, Ost oder West, Fern-, Stadt- oder Untergrundbahn – für alles liegt Berlins zentralster Umsteigepunkt noch immer genau hier (Foto rechts oben). Der Flaneur mag hinter den Fassaden gar eine Versammlungsstätte vermuten: Äußerlich gibt sich die große Gleishalle, die vor einem Jahrhundert im Zuge der Stadtbahn entstand, genauso gläsern wie die kleine, die Reichsbahnarchitekt Horst Lüderitz vor zwei Dekaden zum »kleinen Grenzverkehr« beisteuerte. Tatsächlich kann jedes Treffen hier nur ein Abschied sein, weshalb die Berliner Schnauze diesen Empfangspavillon »Tränenpalast« tauft.

Das Grenzregime scheidet Verbleiber, Durch-, Ein- und Ausreisende. Letztere spaltet es in Diplomaten, Bürger von Westberlin, der DDR, der BRD sowie anderer Staaten. Wer bleibt, teilt sich in Reisende, Reichsbahner, Zollbeamte, Transportpolizisten, Soldaten, welche die Grenze schützen, sowie Angehörige des Ministeriums für Staatssicherheit, welche den Übergang kontrollieren. Jede Gruppe erhält ihren eigenen, klar abgegrenzten Zugang zum Bahnhof. So wirft die Mauer, die den Verkehrsknoten eigentlich gar nicht berührt, doch ihre Schatten: Intern verwandelt er sich in ein Labyrinth. Doch die Teilung wirkt noch viel weiter: Auf dem Weg zum Bahnhof prägt sie verschiedene Verkehrsvorlieben. Ost-Berliner haben keine Möglichkeit, die Friedrichstraße durch den Untergrund zu erreichen. Der Bau der Mauer hat alle Zugänge verbunkert und Schilder entfernt. Also drängen sie sich in der S- oder Straßenbahn. Genau diese Transportträger meidet Westberlin: Seit 1950 verkehrt keine Tram mehr ins Umland; drei Jahre später wird auch die Sektorengrenze nicht mehr überfahren; 1967 sind alle Westwagen stillgelegt.

Das Motiv für die Abkehr von der Tram mochte verkehrsplanerisch sein, die S-Bahn trifft es politisch: Da sie in DDR-Hoheit liegt, rufen die Westgewerkschaften schon 1951 zum Boykott auf. Nach dem Mauerbau fordert auch der Senat: »Keinen Pfennig mehr für Ulbricht!« Fortan bewegt der bis dato wichtigste Verkehrsträger im Westen kaum mehr fünf Prozent aller öffentlich Reisenden. Die Transportleistung schrumpft soweit, dass es ganze drei Züge braucht, um etwa die Direktverbindung Tegel-Friedrichstraße zu bewältigen. Nachdem die Fremdregie 1984 fällt, begegnen sich in

1964

der Zentralstation sogar völlig verschiedene Fahrzeuge. Bis zuletzt bevorzugt Westberlin die U-Bahn. Koste es, was es wolle, wird an Parallelstrecken gebaut und auf Umsteigehinweise verzichtet.

So bewegen sich die wenigen Westberliner, welche die Friedrichstraße bevölkern, kaum über den U-Bahnhof hinaus. Nicht selten kaufen sie nur schnell Zigaretten im Intershop der DDR und schmuggeln die Billigware dann unverzollt nach Hause. Davor im Schritttempo Geisterbahnhöfe zu passieren, ist für sie zur Gewohnheit geworden. Und die Durchsage »Letzter Halt in Berlin (West)«, die an Koch- wie Reinickendorfer Straße aus den Lautsprechern bellt, hat sogar etwas Beruhigendes.

Inzwischen erinnert an die Teilung kaum mehr als der »Tränenpalast«. In die kleine Glashalle des Grenzempfangs zog 1991 eine Konzert- und Kabarettkneipe ein, welche 15 Jahre später die Büroneubauten auf dem Spreedreieck vertrieb. Was aus dem Denkmal wird, ist seither ungewiss. Dagegen steht der Bahnhof selbst auf der sicheren Seite. Seit Juli 1990 passieren die Stadtbahnen die Friedrichstraße wieder durchgehend. Schritt für Schritt wurden in den folgenden zwölf Jahren auch die Haltepunkte von U-Bahn und Tram renoviert. Verschiedene Verkehrsvorlieben gehörten fortan der Vergangenheit an. Im Hauptgebäude lichtete die Sanierung das Labyrinth der Mauerzeit zu einer großzügigen Galerie aus Ladenlokalen. Einst getrennte Wege begegnen sich spontan, mitunter mag mehr daraus werden.

2008

15 Bahnhof *Friedrichstraße*

2008

Bahnhof *Friedrichstraße*

15 Bahnhof *Friedrichstraße*

29. Juni 1983
Mauerökonomie: Borsig-Wilhelmsruh

29. Juni 1983: »Tagesschau« und »Aktuelle Kamera« berichten gleichlautend über den ersten Milliardenkredit an die DDR, für den die BRD bürgt. Allenthalben wird die innerdeutsche Kooperation begrüßt. Nur vereinzelt tauchen in den West-Medien kritische Stimmen auf: Ost-Berlin, so ihr Tenor, ziehe aus der Mauer Gewinn. Ob dieser Befürchtung können die Arbeiter des VEB Bergmann-Borsig nur die Köpfe schütteln. Der Betrieb, der über zwei Kilometer entlang der Grenze zu Reinickendorf produziert, erlebt das Bauwerk als Wirtschaftsbremse: Seit die Mauer steht, kann er sich nicht mehr auf Energietechnik in großem Stil konzentrieren, sondern muss sich auch mit Rasierapparaten auseinandersetzen. Für den Hinterlandwall wurden die Werkshallen verkürzt. Zur Einfriedung des winzigen, aber zu Westberlin gehörigen Laubenzwickels wurde nach 1967 sogar die Montagehalle abgerissen. Insgesamt gingen Bergmann-Borsig durch die Mauer über 10 Hektar Betriebsgelände verloren.

Ob Ostdeutschland bei der Teilung profitiert oder aber draufzahlt, bleibt umstritten. Die reine Kostenbilanz ist in den Achtzigerjahren nahe am Nullsummenspiel: Die BRD überweist jährlich ungefähr 1,5 Milliarden DM gen Osten, vor allem für die Verbindungen nach Westberlin und für Häftlingsfreikäufe. Zugleich muss die DDR allein für den Betrieb der Grenze rund eine Milliarde aufwenden. Bau- und Folgekosten sind dabei noch gar nicht eingerechnet.

Als Plus erweist sich die Mauer nur im Vergleich zur Zeit davor: Die Ausgangslage der DDR war nicht eben günstig: Große Teile ihres Territoriums waren schwach entwickelt, von alters her exportierten sie vor allem Menschen und Agrarprodukte. Den Zweiten Weltkrieg bezahlte Ostdeutschland nicht nur mit Zerstörung, sondern auch mit Reparationen, während dem Westen bereits der Marshallplan half. Weitere Reibungsverluste barg die Umstellung auf Planwirtschaft. Durch den Massen-Exitus, den die rigide Sozialisierung provozierte, wurde die ökonomische Basis vollends untergraben. Ende der Fünfziger scheint die DDR nur mehr die Wahl zu haben: Zusammenbruch oder Grenzschließung. Danach ordnet der Mauerbau die Verhältnisse: Innerhalb eines Jahrzehnts schafft es die DDR unter die Top-Ten der weltgrößten Industrieländer. 1980 produzieren ihre Bürger im Durchschnitt mehr als die Briten. Ihr Lebensstandard ist höher als in allen anderen Ostblockstaaten.

Gleichzeitig zeigt die Mauerökonomie ihre Schattenseiten: Als rohstoffarme Industrieregion kann sich Ostdeutschland nicht völlig abschotten. Den westlichen Luxus stets vor Augen lässt Erich Honecker seine Bürger mehr konsumieren als produzieren.

Was dem inneren Frieden dient, verstärkt aber die Abhängigkeit von den Weltmärkten noch. Da die Sowjetunion das DDR-Handelsbilanzdefizit immer weniger auszugleichen vermag, steigt der Hunger nach Devisen stetig. Die Zahlungsengpässe treiben den Chef der zentralen Planungskommission, Gerhard Schürer, zu immer abenteuerlicheren Sparvorschlägen: Im Mai 1988 empfiehlt er einen Investitionsstop für die Computerindustrie, bei der die DDR die hoffnungslos hinterherhinkt. 17 Monate später sieht er zum Bankrott nur mehr zwei Alternativen: frische Kredite in der Höhe von mehr als 12 Milliarden oder Senkung des Lebensstandards um mindestens ein Viertel. Letzteres lehnt die SED-Führung genauso ab wie alle Einschnitte zuvor. Für Westgeld verfällt sie auf ihr letztes Tauschmittel: Die Grenze! Mit der Mauer bricht die DDR zusammen. Letztlich hat sich Abspaltung also nicht ausgezahlt.

Kann Ostdeutschland überhaupt auf eigenen Füßen stehen? Diese Frage blieb nach 1989 so aktuell wie offen. Mit dem Versprechen »blühender Landschaften« und »gleicher Lebensverhältnisse« potenzierten sich die Transferleistungen von West nach Ost. Allein bei der Infrastruktur stieß der Staat bis zum Millennium Investitionen von rund einer Billiarde DM an. Fortan mag weniger Geld fließen, doch werden die Subventionen nicht vor 2019 beendet.

Dennoch vermochte der Aufbau Ost nicht alle Erwartungen einzulösen. Nach wie vor erweist sich der Standort als weniger leistungsstark als der Rest der Republik. Die Wiedereinführung der Marktwirtschaft verschärfte den Rückstand zunächst sogar. Erneut flammte das Phänomen auf, wegen dem die Mauer einst gebaut worden war: Nach 1989 verlor Ostdeutschland fast so viele Einwohner wie im selben Zeitraum vor 1961. Jüngste Trends deuten indes auf eine Aufholjagd: Sowohl beim Wirtschaftswachstum als auch bei der Bevölkerungsentwicklung liegen die Neuen Bundesländer vorn. Ebenfalls ermutigt, dass Ost und West zuletzt kaum mehr ein Thema sind. Gefälle mag es weiter geben, doch sind sie keineswegs so gravierend, dass es das Gemeinwesen zerreist. Alles in allem lässt sich die Geschichte nach 1989 nur als Normalisierung verstehen.

Wie die Träume der Wendezeit real wurden, veranschaulicht auch Bergmann-Borsig. Die Produktion von Rasierapparaten ist eingestellt, nicht die von Kraftwerkstechnik. Was heute Alstom gehört, ist ein Betrieb unter vielen. Insgesamt arbeiten auf dem Areal halb so viele Mitarbeiter wie zu DDR-Zeiten. Dafür entstand eine moderne Werkshalle. Und zwar auf jenem Zwickel, der hinter der Mauer lag!

1967

Planvolle Selbstbeschränkung:
Über 10 Hektar Betriebsfläche trat der VEB Bergmann-Borsig im Zuge des Mauerbaus zur Grenzsicherung ab. Zur Einfriedung des winzigen, aber zu Westberlin gehörigen Laubenzwickels wurde nach 1967 auch die Montagehalle links im Bild abgerissen.

2008

Marktgerechter Minimalismus:
Die Öffnung der Märkte konzentrierte die Produktion weiter. Auf dem begradigten Grenzstreifen entstand eine völlig neue Montagehalle. Insgesamt zählt das Areal heute kaum mehr halb so viele Arbeiter wie vor dem Mauerfall.

16 Borsig-Wilhelmsruh

11. Februar 1986
Menschenhandel: Glienicker Brücke

11. Februar 1986, 10:42 Uhr: Auf der Glienicker Brücke (Foto rechts unten), welche die DDR in den Fünfzigerjahren in »Brücke der Einheit« umbenannt, aber zugleich für jedweden zivilen Kraftverkehr gesperrt hatte, stauen sich Limousinen. Die Wagen sind grau, die Temperaturen eisig. Es soll ein Spion sein, der da aus der Kälte kommt: Anatoli Schtscharanski. Dreizehn Jahre hatte der Regimekritiker wegen »antisowjetischer Agitation« im Arbeitslager verbracht. Als Natan Sharansky wird er später Handelsminister Israels. Jetzt verlässt er zusammen mit drei weiteren aufgeflogenen Agenten den Machtbereich Moskaus Richtung Westberlin. Im Gegenzug wechseln fünf Kundschafter des Ostens in die DDR.

Es war nicht das erste Mal, dass die Glienicker Brücke Schauplatz eines Agentenaustauschs wurde. Die »dicksten Fische« passierten hier am frühen Morgen des 10. Februars 1962 den Schlagbaum: Einerseits der abgeschossene US-Aufklärungspilot Gary Powers, andererseits Rudolf Iwanowitsch Abel. Der deutschstämmige Funker hatte das Agentenleben schon bei seinem Vater kennengelernt und nach dem Zweiten Weltkrieg ein Spionage-Netz geknüpft, das den ganzen amerikanischen Kontinent umfasste und bis zu Atomgeheimnissen vordrang. Den größten Austausch erlebte die Glienicker Brücke am 12. Juni 1985: 23 kleine Spitzel des Westens und vier kapitalere des Ostens wechseln die Seiten.

Abseits der Glienicker Brücke geht es weniger filmreif zu. Um die hochspekulative Fluchthilfe in geordnete Bahnen zu lenken, etablieren beide deutsche Staaten Anfang der Sechzigerjahre einen Transfer nach der Formel: Humanität gegen Handfestes. Bis 1989 kauft die BRD rund 250.000 Menschen aus der DDR frei. Werden die ersten vierzig Personen noch gegen drei Waggons Düngemittel ausgetauscht, summieren sich die Überweisungen von Bonn nach Ost-Berlin schließlich auf mehr als 3,4 Milliarden DM. Meist fließt das Geld im Namen von Familienzusammenführungen, von denen auch über 2.000 Kinder profitieren. In jedem siebenten Fall betrifft der Freikauf indes »politische« Häftlinge: Ihr »Verbrechen« mag nur darin bestehen, die Ausreise eingefordert zu haben, doch werden pro Person fünf- bis sechsstellige Summen fällig. So moralisch zweifelhaft wie dieser »Menschenhandel« ist, findet er nie auf offener Bühne statt.

Unter den Zeugnissen der Teilung ist die Glienicker Brücke heute das einzige, das zum Weltkulturerbe zählt. Allerdings ist nicht die Grenze der Grund dafür, sondern die Schlösser und Gärten, welche Berlin und Potsdam schon Anfang des 19. Jahrhunderts zum »preußischen Arkadien« verschmolzen. Der Adelstitel selbst ist Produkt eines gemeinsamen Antrags von BRD und DDR aus dem Jahr 1989. Jener Zeit gedenkt auch Wieland Försters Skulptur *Nike '89*, die am 9. November 1999 den Potsdamer Brückenkopf beigestellt wurde. An die Mauerzeit und ihre spektakulären Agententransfers erinnert unterdessen nichts mehr.

1961

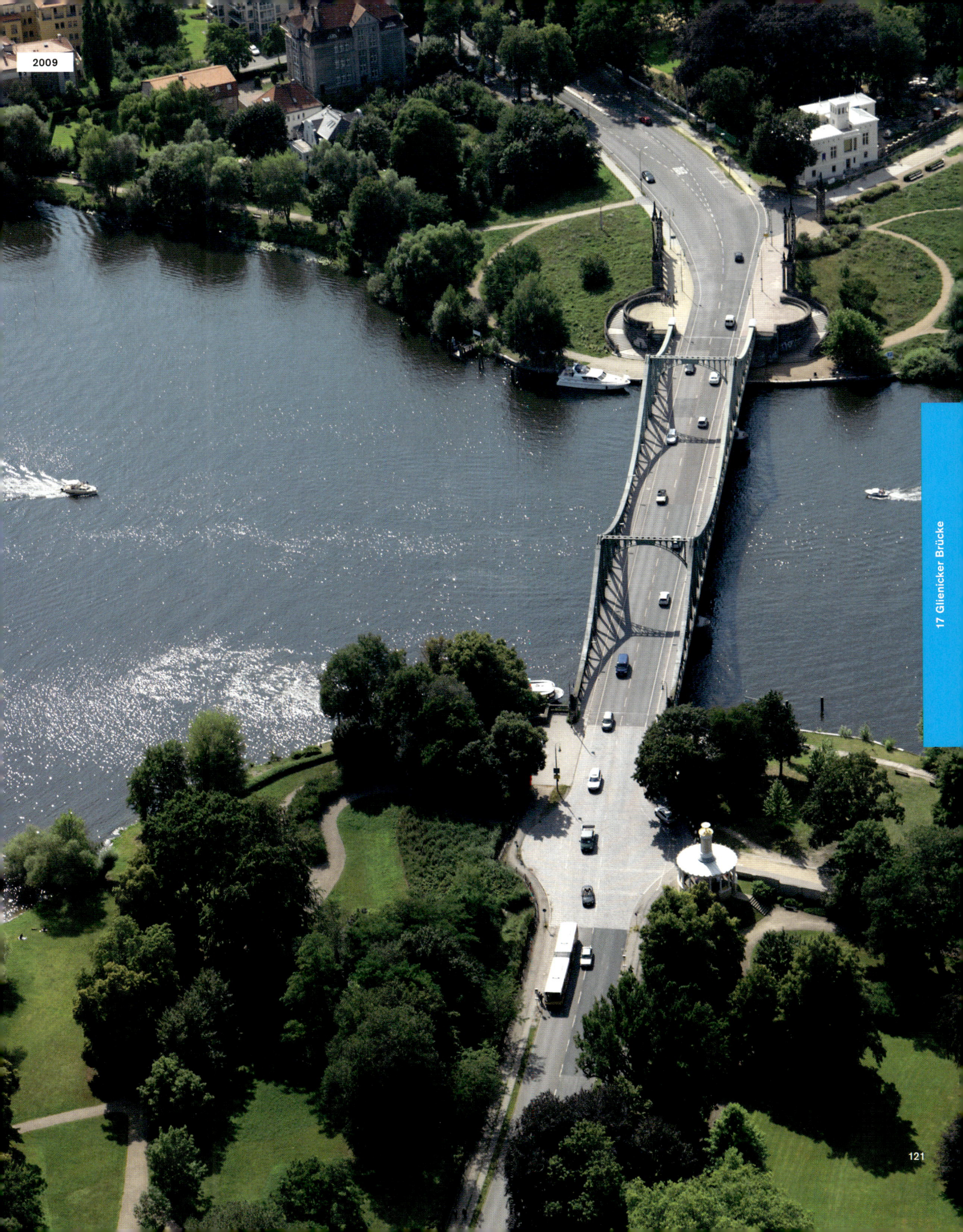

1982

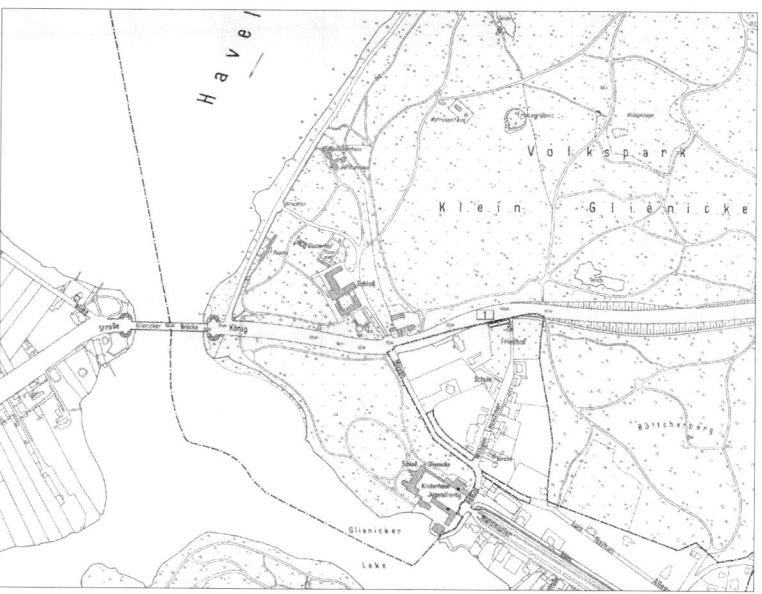

Brücke der Einheit?
Entgegen der Umbenennung seitens der DDR bleibt die Glienicker Brücke während der Teilung für jedweden Zivilverkehr gesperrt. Bis in die Achtzigerjahre macht sie vor allem durch spektakuläre Agentenaustausche auf sich aufmerksam.

17 Glienicker Brücke

Brücke der Einheit!
Diesen Namen trägt die Glienicker Brücke heute nur noch inoffiziell, dafür aber umso verdienter. Seit 1989 dient sie als Verbindung der Schlösser- und Gartenlandschaft, die auf Initiative von DDR und BRD Weltkulturerbe wurde.

17 Glienicker Brücke

4. Oktober 1986
Attraktion Mauer: Lenné-Dreieck und Stresemannstraße

4. Oktober 1986, Potsdamer Platz/Höhe Stresemannstraße: Ein Mann mit wildem weißen Kinnbart erklimmt mithilfe einer Leiter die Mauerkrone und balanciert die Niederkirchnerstraße entlang. Die Fotografen, die ihn begleiten, kennen den drahtigen Alten, genau wie die Grenzsoldaten: Es ist der Kanadier John Runnings, ein fast siebzigjähriger Friedensaktivist, der schon seit dem Frühsommer provoziert. Diesmal kommt der Mauerläufer bis zur Zimmerstraße, bevor ihn die DDR-Offiziellen kurz vor dem Checkpoint Charlie herunterzerren, verhören und nach 72 Stunden wieder nach Westberlin zurückschicken. Wenige Tage später ist Runnings wieder da: Er setzt sich rittlings auf die Mauerkrone und prügelte mit einem Vorschlaghammer auf sie ein!

An die 50 Versuche unternimmt Runnings, die Mauer zu attackieren. Anfangs uriniert er dagegen; dann verbrennt er davor seinen Pass. Sieben Mal wird der »Wall Walker« vorübergehend festgenommen; zuletzt verbringt er drei Monate in Haft, bis ihn die DDR-Justiz am 19. Februar 1987 zu 18 Monaten auf Bewährung verurteilt. Fortan greift schon die Westberliner Polizei ein: Anfang September 1989 beschlagnahmt sie zum Beispiel einen selbstgezimmerten Rammbock, den Runnings auf einen roten Golf montiert hat. Das Gefährt steht seither im »Haus am Checkpoint Charlie« und ist dort noch heute eine der Hauptattraktionen.

Runnings ist nicht der einzige Lebenskünstler aus dem Westen, den die Mauer in den Achtzigern anzieht. Den Höhepunkt erreicht die Subversion 1988. Schauplatz ist das sogenannte Lenné-Dreieck (Foto rechts unten), jene vier Fußballfelder große Fläche nördlich des Potsdamer Platzes, die zwar noch zu Ost-Berlin gehört, aber nach einer Mauerbegradigung schon nur mehr gen Westen offen ist. Kaum dass sich die beiden Stadtregierungen Ende März auf den endgültigen Gebietsaustausch drei Monate später einigen, wird das Lenné-Dreieck besetzt – von Punks, gegen die Ost-Berlin nichts unternehmen will, Westberlin nichts unternehmen darf. Als der Senat am 1. Juli endlich mit der Räumung des autonomen Hüttendorfs beginnen kann, flüchten mehrere hundert Bewohner über die Mauer nach Osten. Die DDR-Grenzer empfangen sie freundlich und vorbereitet: Lkw fahren die Besetzer zum Frühstück, zur Feststellung der Personalien und anschließend wieder zurück nach Westberlin. Fortan jagt die Mauer dort kaum jemandem mehr Schrecken ein.

Ohne diese Einzeltaten wäre die Mauer sicher nicht so schnell verschwunden. Wie John Running den Hammer gegen sie zu richten, wurde 1989 zum Volkssport. Die Stelle, die der »Urvater aller Mauerspechte« entlang balancierte, sah sich bald in ihrer Standsicherheit angegriffen. 1990 wird der Abschnitt in der Niederkirchnerstraße unter Denkmalschutz gestellt und daraufhin eingezäunt. Heute findet sich hier Berlins drittlängster Mauerrest.

1983

18 Lenné-Dreieck und Stresemannstraße

1972

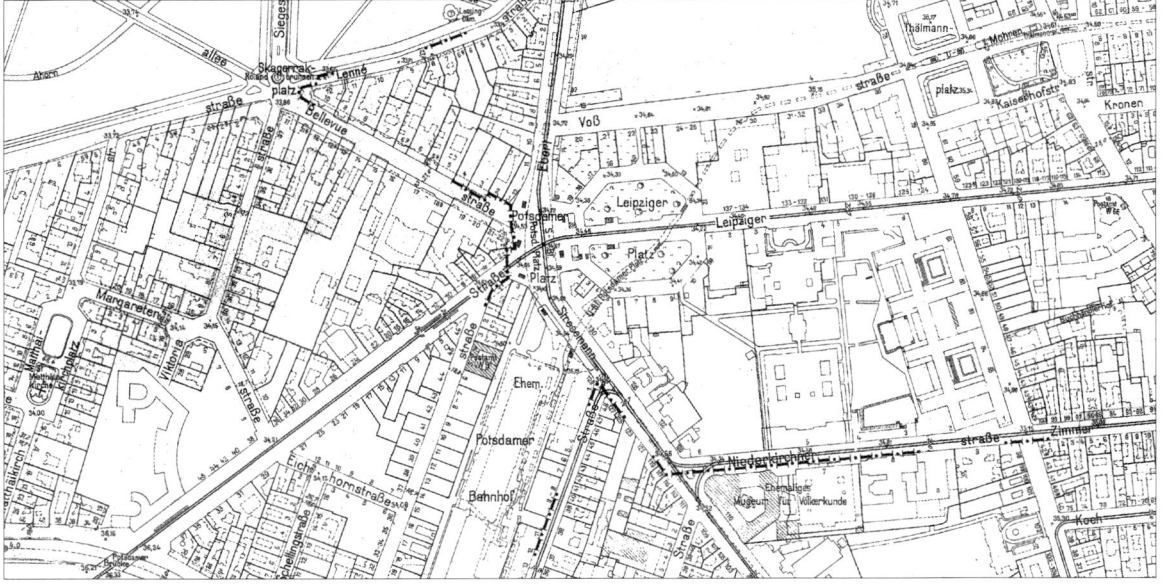

Hauptattraktion:
Der Potsdamer Platz ist unauffindbar, die Gestapo-Zentrale überwuchert, der Martin-Gropius-Bau ruinös und der Preußische Landtag zweckentfremdet – seit den Sechzigerjahren stellt die Mauer die einzige Attraktion von Berlins zentralem Bereich dar. Immer wieder kommt es hier zu spektakulären Kunst- und Protestaktionen.

Lenné-Dreieck und Stresemannstraße

2008

Randnotiz:
Heute ist im zentralen Bereich Berlins die Geschichte aufpoliert. Spuren der Mauer entdeckt dagegen nur noch, wer danach sucht. Den drittlängsten Mauerrest der Stadt stellt neuerdings die »Topographie des Terrors« in den Schatten – ein Ausstellungsbau, in dem sich vornehmlich dem Nationalsozialismus gewidmet wird.

18 Lenné-Dreieck und Stresemannstraße

18 Lenné-Dreieck und Stresemannstraße

4. November 1989
Die Wende: Alexanderplatz

4. November 1989: Erstmals sind die weiten Flächen des sozialistischen Stadtzentrums ganz gefüllt. Um den Alexanderplatz herum versammelt sich mehr als eine halbe Million Menschen. Es ist die größte Demonstration in der Geschichte der DDR (Foto nächste Doppelseite). Die Rednerliste vereint einfache Studenten, führende Oppositionelle wie Marianne Birthler und Jens Reich, moralische Instanzen des Staats wie Christa Wolf und Stefan Heym sowie Stützen des Systems wie Günter Schabowski und Markus Wolf. Sie haben kein einheitliches Motto, doch allen ist klar: So kann es nicht mehr weitergehen!

Wohin die Reise geht, ließ sich zwölf Jahre zuvor an selbiger Stelle ahnen: Das sozialistische Stadtzentrum ist frisch fertiggestellt. Am 7. Oktober 1977 feiert die DDR hier ihren 28. Gründungstag. Doch mitten in das Festkonzert am Alexanderplatz rufen Jugendliche: »Die Mauer muss weg!«. Die Staatsmacht reagiert mit Härte: Zwei Polizisten und ein Randalierer sterben, 150 werden festgenommen.

Offensichtlich ist Ostdeutschland nicht so stabil, wie es nach außen scheint. Seit der Schlussakte von Helsinki, in der sich die DDR im August 1975 allgemeingültig zur Freizügigkeit bekannt hat, beantragen Bürger jährlich zu Tausenden die ständige Ausreise. Ihre Zahl überspringt sogleich die 50.000, als die Behörden acht Jahre später erstmals eine reguläre Möglichkeit dazu einräumen. Allerdings bleibt das Verfahren verwaltungsintern und betrifft nur Verwandte ersten Grads sowie Ehepartner, sodass nach wie vor kaum die Hälfte der Gesuche genehmigt wird. Die Zurückgewiesenen müssen mit Repressalien wie Studienverboten für Familienangehörige rechnen. Ein erstes Fanal setzen die DDR-Bürger, die im Januar 1984 über die US-Botschaft sowie die Ständige Vertretung der BRD in Ost-Berlin den Weg in den Westen erzwingen. Keine sechs Monate später wiederholt sich das Spiel in Prag. Fortan sind Botschaftsbesetzungen ein probates Mittel, die DDR zu verlassen.

Die Staatsführung ficht das vorerst nicht an. Erich Honecker sorgt sich vor allem um das internationale Ansehen der DDR, weshalb er Ende 1988, Anfang 1989 sukzessive den Schießbefehl aufhebt. Von der Schusswaffe dürfen Grenzer nur mehr in Notwehr-Situationen Gebrauch machen. Zugleich erklärt der Staatsratsvorsitzende am 18. Januar: Die Mauer wird auch in 50 und 100 Jahren noch stehen, wenn die Gründe dazu nicht beseitigt sind.

Tatsächlich ist eines ihrer Fundamente längst gefallen: die Geschlossenheit des Ostblocks. Seit Ende 1986 sichert Kreml-Führer Michail Gorbatschow jedem Staat des Warschauer Pakts Souveränität bei inneren Angelegenheiten zu. Auch für die Sicherung ihrer Grenzen sind sie danach selbst verantwortlich. Als erstes nimmt die reformkommunistische Regierung Ungarns dieses Recht wahr: Am 2. Mai 1989 beginnt sie mit dem Abbau des Eisernen Vorhangs; am 11. September erklärt sie die Grenze zu Österreich offiziell für offen. 60.000 DDR-Bürger wählen allein diesen Weg in den Westen: Die Mauer ist kein Hindernis mehr.

Zeitgleich sehen sich die Grenzhüter im eigenen Land immer stärker herausgefordert: In Leipzig etablieren sich die Montagsdemonstrationen. Aus einigen hundert Teilnehmern Anfang September werden binnen acht Wochen 300.000! Sie wollen die DDR vielleicht nicht verlassen, verändern aber sehr wohl. Der Volkspolizei, welche die alte Ordnung hoch halten soll, entgegnen die Menschen: »Wir sind das Volk«. In Leipzig wie anderswo spalten die friedlichen Massen die Staatsmacht, machen sie handlungsunfähig und zwingen sie letztlich zur Kapitulation – es ist gewissermaßen die Generalprobe für den Mauerfall.

Im Berliner Palast der Republik gehen derweil die Feiern zum 40. Geburtstag der DDR ganz nach alter Manier über die Bühne. Michail Gorbatschow, der sie besucht, wird von seinem Pressesprecher mit den Worten zitiert: »Wer zu spät kommt, den bestraft das Leben.« Unmittelbar danach scheitert Erich Honeckers letzter Versuch, die Proteste gewaltsam zu beenden. Zehn Tage später wird er gestürzt. Egon Krenz, der lange als Kronprinz galt, wird sein Nachfolger. Er kündigt die »Wende« an und verspricht ein neues Reisegesetz. Spätestens jetzt hat die Welle der Veränderung die Hauptstadt erfasst. Am 30. Oktober opponieren Hunderttausende mitten im sozialistischen Stadtzentrum; rund um den Fernsehturm erneuern sie die Forderung: Reißt die Mauer ab!

Die Wende erlebt auch der Alexanderplatz selbst. Von den sozialistischen Freiräumen ist kaum mehr etwas übrig. Keine Gedenktafel erinnert an den historischen Moment, da sie ihren Sinn erfüllten. Im städtebaulichen Wettbewerb setzte sich 1993 nicht etwa Daniel Libeskinds Plan durch, der das Platzarrangement der DDR weiterentwickeln wollte. Den Sieg errang vielmehr der Entwurf Hans Kollhoffs, der es durch einen Kranz aus Hochhaus-Blöcken zu ersetzen trachtet.

Was seither realisiert wurde, lässt hier zumindest diesen Schluss zu: Der Alexanderplatz bleibt, was er in der Vergangenheit immer gewesen ist, das Tor nämlich zwischen Stadtzentrum und dem Osten Berlins.

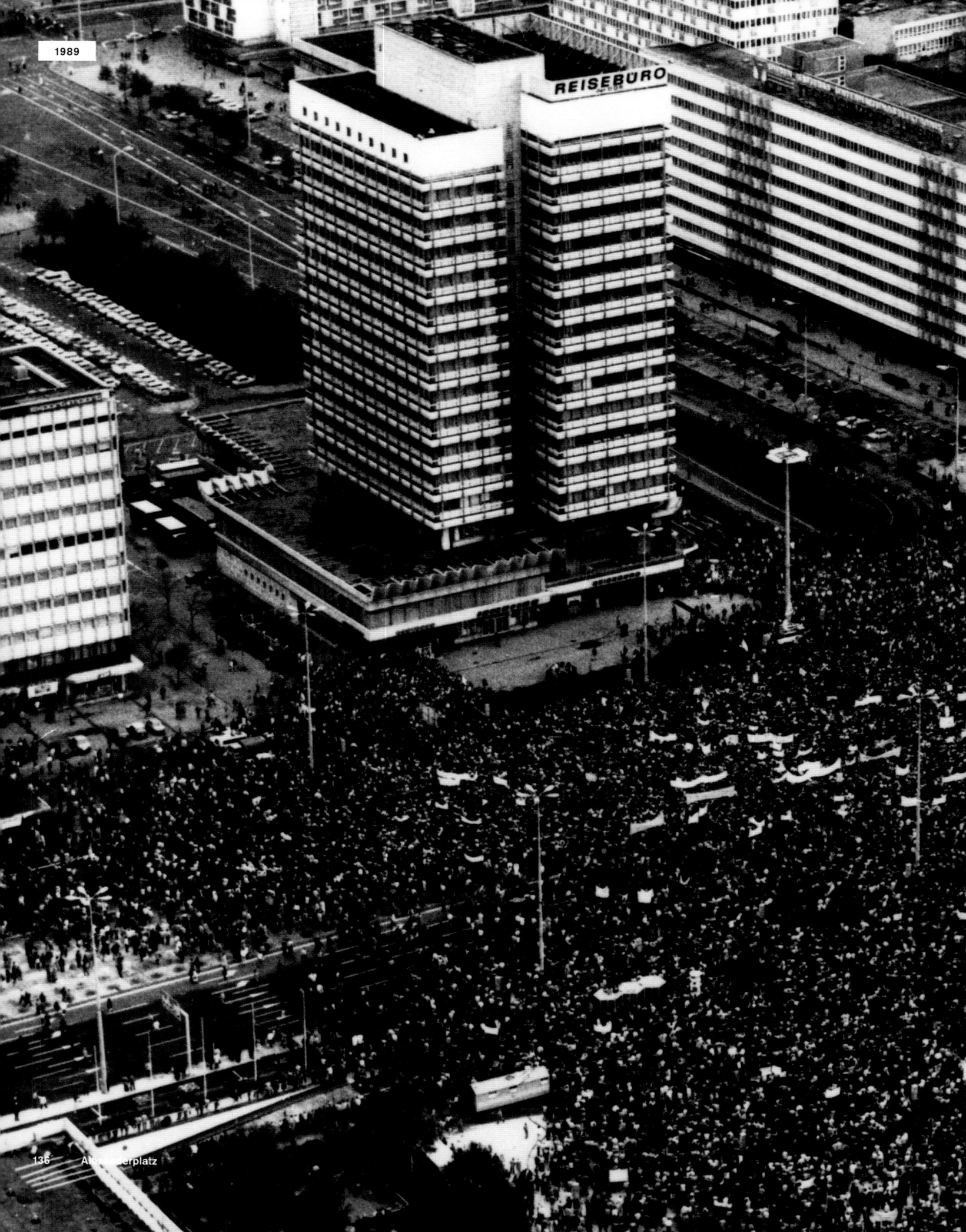

19 Alexanderplatz

9. November 1989
Die Maueröffnung: Bornholmer Straße

9. November 1989, 20:15 Uhr: Dutzende Ost-Berliner strömen zum Kontrollpunkt Bornholmer Straße und begehren Zugang zum Westteil. Sie reden von offizieller Grenzöffnung und fühlen sich im Recht. Doch der Schlagbaum bleibt vorerst zu. Der diensthabende Oberstleutnant Harald Jäger ist völlig überrascht. Auch seine Vorgesetzten, an die er sich telefonisch wendet, haben keine klare Anweisung. Was war passiert?

Angesichts des stetig steigenden Drucks der Straße (siehe Kapitel *Die Wende: Alexanderplatz*) hatte die SED-Führung drei Tage zuvor den Entwurf für ein neues Reisegesetz publiziert. Es soll Besuche klar auf 30 Tage im Jahr begrenzen, aber auch allerlei vage Gründe enthalten, die Anträge darauf abzulehnen. Die Öffentlichkeit reagiert empört: Das geht ihr nicht weit genug. Postwendend treten SED-Politbüro und Ministerrat geschlossen zurück. Nur Egon Krenz, der kaum drei Wochen zuvor Staats- und Parteichef Honecker beerbt hatte, bleibt. Letztlich ist damit die gesamte DDR neu im Amt.

Am Morgen des 9. Novembers skizzieren Beamte der Staatssicherheit und des Innenministeriums eine Regelung, die Visa für die vorübergehende wie für die ständige Ausreise nur mehr an eine Voraussetzung knüpft: einen Reisepass, den zu diesem Zeitpunkt nicht einmal jeder vierte Ostdeutsche besitzt. Ziel ist, den Strom der Grenzflüchtlinge in heimische Amtsstuben zurückzuholen und sie als DDR-Bürger zu behalten. Zwischen 12:00 und 17:30 Uhr segnen Politbüro, Ministerrat und das Zentralkomitee den Entwurf ab und versehen ihn mit einem Sperrvermerk: Veröffentlichung erst nach 4:00 Uhr des Folgetags. Regierungssprecher Günter Schabowski, der bei der entscheidenden Sitzung nicht dabei gewesen ist, soll nur Allgemeines verlautbaren. Seine internationale Pressekonferenz in der Mohrenstraße, die DDR-Sender live übertragen, gestaltet sich zunächst unspektakulär. Dann bohrt der italienische Journalist Riccardo Ehrmann nach. Um 18:53 Uhr überfliegt der Regierungssprecher die neue Reiseregelung, er liest hastig, stotternd, sichtlich übermüdet. Auf Nachfragen, wann sie in Kraft trete, bleibt Schabowski an zwei Worten hängen: »Sofort, unverzüglich!«

Um 19:05 verbreitet dann die amerikanische Nachrichtenagentur *Associates Press* die Eilmeldung, mit der prompt auch die Tagesschau aufmacht: »DDR öffnet Grenze!« Die Menschen können das kaum glauben und machen sich sofort auf zu den Kontrollpunkten. Gegen 21:30 Uhr belagern die Bornholmer Straße Hunderte, die sich nicht auf den nächsten Tag vertrösten lassen. Vor Ort versucht Kontrolleur Jäger nach Rücksprache mit dem Ministerium für Staatssicherheit die Ventillösung: Die größten Drängler sollen durchgelassen werden, mit einem Stempel im Pass, der sie ausbürgert. Doch der Druck verstärkt sich von Minute zu Minute; gegen 22:30 Uhr bedrängen Tausende die Grenzer. Jäger entscheidet: »Es ist nicht mehr zu halten, wir fluten jetzt!« Bis Mitternacht sind alle Übergänge offen. Hunderttausende besuchen den Westen mit und ohne Papiere noch an diesem Abend oder gleich am nächsten Morgen (Foto rechts unten).

Die Bornholmer Straße mochte bei der Maueröffnung Vorreiter sein – doch seither erlebt sie einen Dornröschenschlaf. Zwar verschwanden die Kontrollhäuschen sowie die Sperren auf der Brücke genauso schnell wie überall. Auch wurden die S- und Straßenbahnen wiederhergestellt. Die Tram war 1995, sogar die erste, die erneut den Westteil der Stadt erreichte. Dagegen scheiterte die Bebauung, die hier nicht weniger oft ins Auge gefasst wurde, wie sonst entlang des Grenzstreifens. In allen Himmelsrichtungen lassen sich immer noch die Mauern finden, die den vier Fußballfelder großen Asphaltplatz einst begrenzten. Nach wie vor erheben sich sechs Lichtmasten über den Fahrbahnmarkierungen. Heute ist die Bornholmer Straße der einzige Grenzübergang zwischen Ost- und Westberlin, der noch im Original erkennbar ist.

1989

20 Bornholmer Straße
2008

20 Bornholmer Straße

10. November 1989
Wahnsinn: Platz der Republik

10. November 1989: Es ist, auf ein Wort gebracht, »Wahnsinn!« Binnen 24 Stunden besuchen 1,5 Millionen DDR-Bürger den Westen. Wildfremde Menschen fallen sich in die Arme, Nachbarn, welche die Mauer 28 Jahre lang trennte, haben dicke Tränen in den Augen. Noch in der Nacht treffen sie sich zwischen Platz der Republik und Brandenburger Tor. In Sektlaune erklimmen sie die Mauerkrone, tanzen darauf, schlagen auf das Bauwerk ein. Kein Grenzsoldat, kein Politiker kann sie daran hindern. Willy Brandt, beim Mauerbau Berliner Bürgermeister und danach Bundeskanzler der Ostpolitik, bringt es noch am Vormittag auf den Punkt: »Jetzt wächst zusammen, was zusammen gehört!«

Neben dem allgemeinen Glück machen die DDR-Bürger sogleich eine andere Erfahrung: Ihr Monatseinkommen ist im Westen nur ein Taschengeld. die Mark im Vergleich zur Währung dort nur einen Bruchteil wert. Als Ausgleich dafür hat die Bundesregierung schon 1970 das Begrüßungsgeld eingeführt: Jeder ostdeutsche Besucher erhält einmal im Jahr 100 DM. An der Auszahlung beteiligen sich – auf Anordnung des Westberliner Bürgermeisters Walter Momper – noch in der Nacht der Maueröffnung auch Banken und Sparkassen. Trotzdem finden sich die DDR-Bürger zu Zehntausenden in Warteschlangen wieder. Vor den Geldhäusern in der Badstraße, am Moritzplatz oder am Zoologischen Garten bricht der Verkehr zusammen. Es kommt zu Tumulten.

Infolge des Wohlstandsgefälles kehren weiterhin jeden Monat Zehntausende der DDR dauerhaft den Rücken. »Wenn die DM nicht zu uns kommt, kommen wir zur DM«, lautet ihr Wahlspruch. Auch der Tenor der Montagsdemonstrationen wandelt sich: Aus »Wir sind das Volk« wird »Wir sind ein Volk.« Am 20. November rufen Hunderttausende in Leipzig noch »Deutschland einig Vaterland«. Acht Tage später richtet erstmals die Politik ihr Handeln daran aus: Bundeskanzler Helmut Kohl präsentiert einen Stufen-Plan zur Deutschen Einheit. In fünf bis zehn Jahren soll sie erreicht werden …

Letztlich dauert es keine elf Monate, bis aus zwei besetzten Staaten ein souveränes Land wird. Am 1. Februar schwenkt auch die DDR-Regierung auf den Einheitskurs ein; neun Tage später signalisiert Kreml-Chef Gorbatschow grundsätzlich Rückendeckung. Am 14. März beginnen die sogenannten Zwei-Plus-Vier-Gespräche, in denen die Alliierten mit den Deutschen über die äußeren Aspekte der Einheit verhandeln. Parallel arbeiten Vertreter beider Staaten bereits an den internen Regeln. Einen Schub bringen die ersten freien Volkskammer-Wahlen: Parteien, die für eine schnelle Einheit eintreten, übernehmen am 12. April die Regierung Ostdeutschlands.

Schon einen Monat später nimmt die Wirtschafts-, Währungs- und Sozialunion Gestalt an; binnen weiterer vier Wochen stimmen die Parlamente zu; am 1. Juli tritt das Vertragswerk in Kraft: Alle innerdeutschen Grenzkontrollen entfallen, hüben wie drüben gilt die DM. Sieben Wochen später beschließt die Volkskammer den Beitritt der DDR zur BRD. Am 12. September schließen auch die Siegermächte Frieden mit Deutschland: Es erhält volle Souveränität, beschränkt sich auf das Nachkriegsterritorium, verringert seine Armee und wird keine Angriffskriege mehr führen. Damit erlischt auch der Vier-Mächte-Status von Berlin. Zwei Wochen später ist aus der Sektorenstadt eine Rechtseinheit geformt. Zum Monatsende lösen sich die DDR-Grenztruppen endgültig auf. Der 3. Oktober wird der Tag der neuen Deutschen Einheit. Zum zentralen Festakt versammeln sich Hunderttausende – natürlich – am Platz der Republik. Der Reichstag steht in einem Schwarz-Rot-Goldenen-Fahnenmeer, es gibt ein großes Feuerwerk. Die Stimmung ist feierlich, doch mehr staatstragend als sektlaunig: Die Mauer ist Geschichte und morgen beginnt der Alltag.

Das Zeremonielle des 3. Oktobers 1990 prägte auch die Runderneuerung des Areals danach. Der Reichstag wurde, nachdem das Parlament ein Jahr später dort seinen Dienstsitz zu nehmen beschloss, zum Symbol für den Wiedereintritt Deutschlands in den Zeitenlauf: Der britische Architekt Sir Norman Foster konservierte die Hülle mitsamt aller historischen Spuren und gab ihr die Kuppel zurück, allerdings in moderner Form. Als Aussichtspunkt ist sie jederzeit öffentlich zugänglich. Die Freiflächen westlich und östlich des Reichstags gestalteten die Landschaftsplaner Müller-Wehberg ein Jahrzehnt später in schlichtem Einheitsstil: Der nun von Strauchrabatten flankierte Platz der Republik wandelte sich dabei von der Spielwiese zum heutigen Repräsentationsrasen. An die Teilungszeit erinnern jetzt nur mehr die weißen Kreuze, die seit 1971 der hier getöteten Flüchtlinge mahnen und heute anstelle der Mauer am Spreeufer stehen.

2006

21 Platz der Republik

1968

Wartestand:
Während Ost-Berlin sein Zentrum nach dem Mauerbau unter Hochdruck zur sozialistischen Hauptstadt herausputzt, verharrt der Reichstag im Westteil als Ruine ohne Gebrauchswert. Ende der Sechzigerjahre erhält der erste deutsche Parlamentsbau eine Zwischennutzung als Schauhaus, das »Fragen an die Deutsche Geschichte« stellt. Das Trümmerfeld davor wird beräumt und in »Platz der Republik« umbenannt. Der Name soll Programm sein.

2008

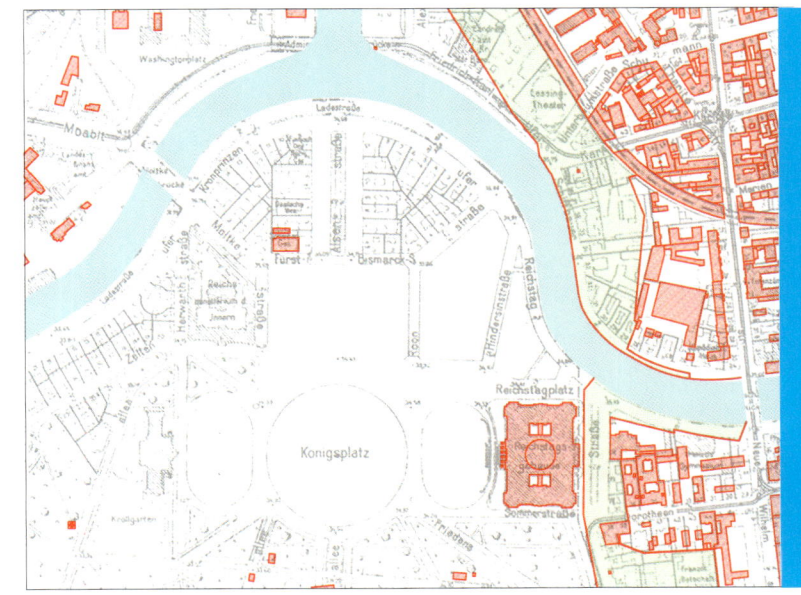

Wahnsinn:
Zwei Jahrzehnte später erfüllt sich die Prophezeiung des Platzes der Republik: Noch in der Nacht der Maueröffnung kommt es rund um den Reichstag zu spontanen Verbrüderungsfeiern zwischen Ost und West. Keine elf Monate später findet hier der zentrale Festakt zur Vereinigung von BRD und DDR statt. Heute verkörpert der Reichstag, den Norman Foster modernisierte, die geglückte Wiedereingliederung Deutschlands in den Weltenlauf.

21 Platz der Republik

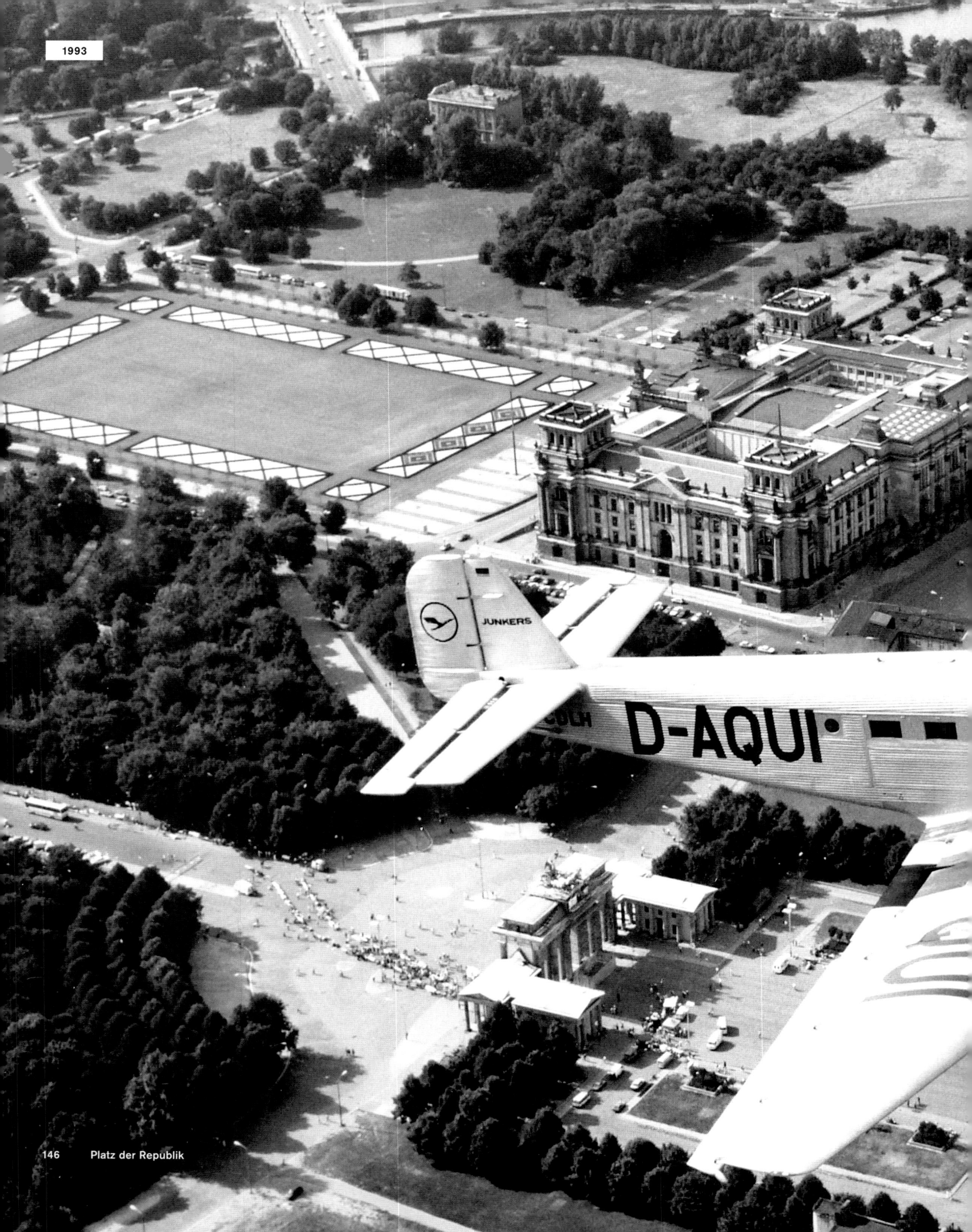

1993

146 Platz der Republik

21 Platz der Republik

21 Platz der Republik

Januar 1990
Mauerkunst: East-Side-Gallery

Januar 1990: Eine Handvoll Künstler beginnt spontan, die Mauer in der Mühlenstraße zu bemalen. Bei der Auseinandersetzung mit dem Bauwerk entstehen Ikonen ihrer Überwindung: so der *Bruderkuss* von Breschnew und Honecker, den Dmitrij Vrubel mit »Mein Gott, hilf mir, diese tödliche Liebe zu überleben«, kommentiert (Foto rechts), der durch die Mauer brechende Trabant, dem Birgit Kinder *Test the Best* hinterher ruft, oder Günter Schäfers *Vaterland*, das die deutsche Flagge mit dem israelischen Davidstern kombiniert. Insgesamt schließen sich 116 Künstler aus 21 Ländern an, darunter Szenegrößen wie Jim Avignon, Thierry Noir, Thomas Klingenstein oder Hans Bierbrauer, der als Schnellzeichner »Oskar« bekannt ist. Als der 1.316 Meter lange Abschnitt zwischen Oberbaumbrücke und Ostbahnhof am 28. September fertig ist, kann die längste Dauerausstellung unter freiem Himmel eingeweiht werden: die hoch frequentierte East-Side-Gallery.

Mauerkunst hatte es natürlich schon früher gegeben, allerdings nur auf der Westseite des Bauwerks, wo das »Haus am Checkpoint Charlie« sogar regelrechte Gestaltungswettbewerbe initiierte. Dass eine solche Kunstaktion nun auch im Osten stattfinden konnte, verdankt sie einer lokaler Besonderheit: Nur in der Mühlenstraße waren für die Hinterlandsperranlagen Elemente der großen, glatten und daher gut zu bemalenden Grenzmauer 75 zum Einsatz gekommen. Überdies geht es nicht allein um Artwork. Die Mauerkunst steht für die anarchisch spontane und kreative Art, mit der in Berlin allenthalben ruinöse Wohnungen »instandbesetzt«, Kinderläden gegründet, Theater aufgezogen und Designfabriken eröffnet werden. Am hiesigen Spreeufer entsteht gleich eine ganze Batterie von Strandbars, die zu den wildromantischsten Szene-Lokalitäten Berlins zählen.

Die East-Side-Gallery selbst hatte nicht ganz soviel Glück. Obwohl sie bereits keine zwei Jahre später unter Denkmalschutz gestellt wurde, waren die Bilder schon bald unkenntlich: Graffiti übermalten sie, einzelne Mauerelemente wurden für Rekonstruktionsmaßnahmen versetzt oder gleich ganz vernichtet. Das Interesse an den Werken war im Nachwende-Berlin gering; die Stadt erhob das Areal 1993 zum größten Neubaugebiet in der City. Um die Erhaltung kümmerte sich zunächst nur der 1997 gegründete Künstlerinitiative East Side Gallery e. V. Nachdem durch kleinere Sponsoren zunächst nur einzelne Bilder konserviert werden konnten, ließ die Deutsche Lackindustrie im Jahr 2000 immerhin 40 Werke auf einen Schlag wiederherstellen. Zum 20. Jahrestag des Mauerfalls wurden die Werke von ihren Urhebern erneuert (Foto rechts). Die Kunst vermochte auch, den längsten Mauerrest überhaupt zu erhalten. Und Berlin behält sein Markenzeichen: als Stadt der Kreativen.

2009

2006

22 East-Side-Gallery

2008

22 East-Side-Gallery

Oktober 1990
Mauerabriss am Nassen Dreieck:
Grüntaler Brücke

Oktober 1990: Wo sich die S-Bahnen in Richtung Oranienburg und Bernau auffädeln, stapeln sich die Elemente der Grenzmauer 75 zu Hunderten (Foto rechts oben). In der einen Ecke des sogenannten Nassen Dreiecks finden sich die ehemals tragenden Armierungen, in der anderen liegen Trümmer der einst krönenden Rohre. Dazwischen schreddern Steinbrecher den Kies und Splitt. 50 Kilometer Schutzwall (Grafik rechts unten) verwandeln sich in 180.000 Tonnen Beton, 15.000 Tonnen Asbest, 6.000 Tonnen Stahl und 3.000 Tonnen Plastik. Die Wertstoffe fließen unter anderem in den Bau der Ostsee-Autobahn. Um sie zu gewinnen, sind Hunderte Lkw, Dutzende Kräne und zahlreiche Planierraupen im Einsatz. Recyclinghöfe wie den am Nassen Dreieck gibt es in und um Berlin gleich mehrere (Foto rechte Seite). Der Mauerabriss hat seinen Höhepunkt erreicht.

1990

Begonnen hat die Demontage noch in der Nacht vom 9. auf den 10. November 1989: Unter dem Applaus der Menge schlägt ein junger Mann mit einem Vorschlaghammer auf den Schutzwall vor dem Brandenburger Tor ein. Sein Vorgehen wird in den Folgetagen Volkssport. Bald gibt es kaum einen Abschnitt, den die »Mauerspechte« nicht angepickt haben, binnen Wochen ist vielerorts die Standsicherheit angegriffen. Die herausgelösten Brocken sind Sammlerstücke oder werden als Souvenirs feilgeboten.

Einen Wert behält die Mauer selbst für die letzte DDR-Regierung. Zum Jahreswechsel 1989/1990 beauftragt sie die Außenhandelsorganisation LIMEX mit der Verwertung. Die Demontage beginnt postwendend in Treptow und erreicht Mitte Februar das Brandenburger Tor. Hier wie dort ersetzt die Mauer zunächst ein einfacher, 1,20 Meter hoher Zaun. Ab Ende April ist die Arbeit nur mehr unter Beteiligung auswärtiger Firmen zu schaffen. Als wertvollste Stücke erweisen sich komplette Segmente, die von Künstlern bemalt wurden. Durch Handreichungen an prominente Mauerfall-Persönlichkeiten wie die US-Präsidenten Reagan und Bush oder schlichten Verkauf zerstreuen sie sich schnell in alle Welt. Bei einer Auktion, die im Juni in Monte Carlo stattfindet, bringen es 81 Positionen zusammen auf immerhin fast eine Million Euro. Der profane Rest geht hingegen zum Kilopreis von einem Cent weg. Tatsächlich erfüllt sich die Forderung »Die Mauer muss weg!« in Rekordzeit: Binnen Jahresfrist ist sie aus dem Stadtbild fast vollkommen verschwunden.

Bis 1992 braucht es gar keine Mauer-Recyclinghöfe mehr. Auf dem Nassen Dreieck gewinnt, da der feuchte Boden hier keine Bebauung zu tragen vermag, die Natur wieder die Oberhand. Immerhin: Von der Grenze erhält sich etwas weiter nördlich, zwischen den S-Bahnhöfen *Wollankstraße* und *Schönholz*, das längste Stück Lichttrasse Berlins.

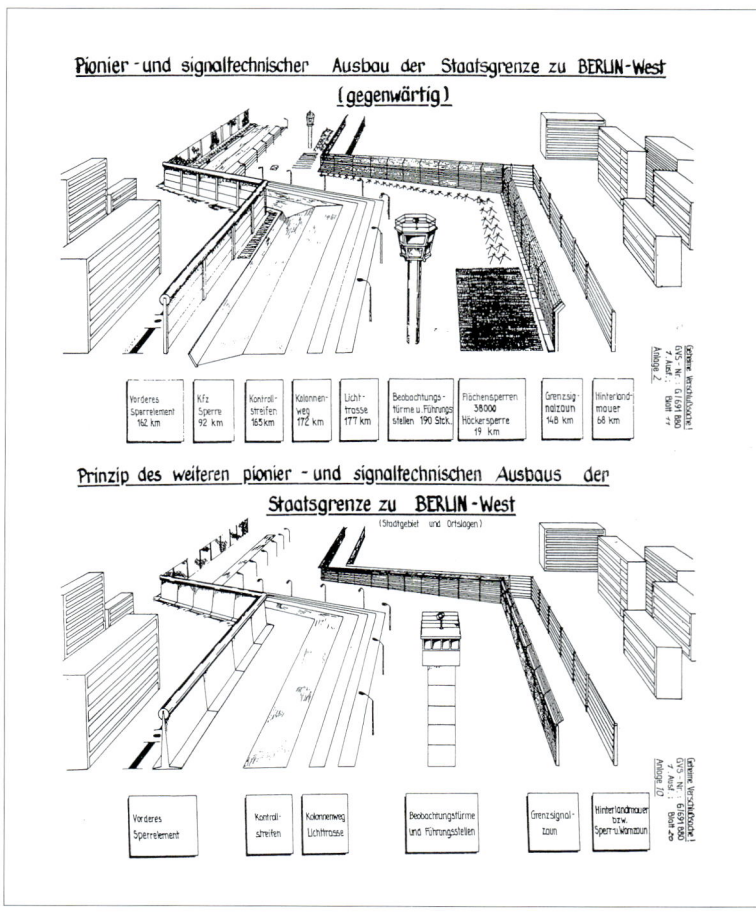

154 Grüntaler Brücke

1990

23 Grüntaler Brücke

23 Grüntaler Brücke

20. Juni 1991
Das Neue Berlin: Spreebogen

20. Juni 1991: An der Spree knallen die Korken. In Bonn beschließt der Bundestag: Berlin soll Hauptstadt und Regierungssitz des geeinten Deutschlands sein. Fast alle Staatsspitzen werden hier angesiedelt. Selbst die Ministerien, die vorerst mehrheitlich am Rhein bleiben, eröffnen zweite Dienstsitze. Mit der Entscheidung schießen an der Spree die Visionen ins Kraut: Die Berliner Bank sieht darin die »Initialzündung für einen wirtschaftlichen Take-Off«. Aus der Mauerstadt werde eine große europäische Metropole wie London, Paris oder Brüssel, heißt es allenthalben. Die Tourismuswerbung spricht fortan schlicht vom Neuen Berlin. Doch wofür steht dieses Neue Berlin? Zunächst zeichnet sich nur ein Bauboom ab, wie ihn keine andere europäische Metropole je erlebte. Parallel zum Plazet der Politik kommt es zum Ansturm der Investoren: Sie schicken sich an, während der kommenden zwei Jahrzehnte über eine Viertel Billiarde Euro in Gebäuden anzulegen. In wenigen Wochen fallen die Würfel, wie die Stadt fortan aussehen und funktionieren wird.

1991

Am 2. Oktober, die Einheit ist noch kein Jahr alt, endet der Ideenwettbewerb Potsdamer und Leipziger Platz, aus dem die Architekten Hilmer & Sattler als Sieger hervorgehen (Foto oben: Präsentation der Ergebnisse). Den Anstoß dazu lieferte der Sohn des Blockade-Bürgermeisters Ernst Reuter, der hier kurz vor der Maueröffnung einen Bauplatz für Daimler-Benz erworben hatte. Wenig später drängeln sich beim West-Senat wie beim Ost-Magistrat weitere Developer, doch Insel-Lösungen kommen nicht mehr in Frage. Während der Planung prallen Träume von einer amerikanischen Downtown mit Shopping-Malls und Wolkenkratzern auf die Vorstellung einer traditionellen europäischen Stadt mit Straßen, Plätzen und Baublöcken. Diese Vision, die Berlin bereits in den Achtzigerjahren beherrschte, bleibt das Leitbild. Nur wird jetzt alles größer und gradliniger, vom Städtebau bis zu den Fassaden. Am Potsdamer Platz ersetzt schließlich ein City-Center die Mauer-Ödnis. Damit nimmt das erste Großprojekt nach der Wende die Entwicklung ganz Berlins vorweg: Rasant füllt die Privatwirtschaft die Brachen der Teilung, als ob es sie nie gegeben hätte. Die Architektur wird einheitlicher, als es die Stadt dieserzeit noch ist.

Auch das Hauptstadtprojekt selbst prägt Berlin: Ende Oktober 1991 verzichtet der Bundestag auf einen Neubau der Volksversammlung. Statt dessen will das Parlament zukünftig wieder im Reichstag zusammenkommen. Nachdem Norman Foster das von der Geschichte gezeichnete Gemäuer mit einer modernen Kuppel versieht, vertritt es vortrefflich Deutschlands Wiedereingliederung in den Weltenlauf. Allenthalben steigt das Alte im Kurs. Wie das Hotel Adlon ersteht nun sogar Verlorenes wieder auf. Rekonstruktion gilt nicht mehr als kritisch, sondern als politisch korrekt. Sogar Zeugnisse des Dritten Reichs, von dem sich Deutschland bis dato immer absetzen wollte, werden ministrabel. Keine Verwendung findet dagegen die bauliche Basis der Mauerjahre, vieles muss weichen. Alles zielt auf die Tilgung der Teilung und ihrer Vorgeschichte.

Deutlichste Demonstration sind die zentralen Neubauten des Bundes, die ab Juni 1992 Gestalt annehmen. Der sogenannte Spreebogen-Wettbewerb schafft rund um den Reichstag ein neues Regierungsviertel. Zugleich stellt er die Hauptstadt der DDR, die sich an der Spreeinsel ihr sozialistisches Stadtzentrum geschaffen hatte, endgültig außer Dienst. Was dort wird, zeichnet sich erst viele Jahre später ab. Dagegen findet der Spreebogen schon Anfang 1993 seine Form (Plan nächste Doppelseite). Die Architekten Axel Schultes und Charlotte Frank, die den Wettbewerb gewinnen, wollen »Staat machen« – so groß und souverän wie Deutschland seit der Einheit eben ist: Ihr Band des Bundes legt sich quer zur Nord-Süd-Achse, welche die Nazis planten. Anstelle von deren Allmachtsfantasie einer »Großen Halle« soll ein offenes Bürgerforum entstehen. Nicht zuletzt bauen die Büros vom Bundestag und Kanzleramt endlich eine Brücke zwischen Ost und West!

1996 – sieben Jahre nach dem Mauerfall – ist das Neue Berlin ein vielbestauntes Ballett von Baukränen. An allen Ecken und Enden wächst etwas, nur eine Metropole ist nicht absehbar. Dafür präsentiert der Senat erstmals eine einheitliche Entwicklungsvision. Das »Planwerk Innenstadt« stößt Berlin, das mental immer noch in Paralleluniversen lebt, vor den Kopf: Modernisten stehen hier gegen Nostalgiker, Häuslebauer gegen Milieuschützer, Auto- gegen Radfahrer, Ost gegen West. Erst drei Jahre und eine beispiellose Debatte später hat sich die Neue Mitte gefunden: Das Gemeinwesen erhebt das »Planwerk« offiziell zur Stadtagenda. Zeitgleich kann das Hauptstadtprojekt erste Fakten vorweisen: An der Spree gehen die Politikbauten in Betrieb. Zehn Jahre nach dem Mauerfall ist das Neue Berlin eine Tatsache: Gemäß der Baukunst, die dafür die Fundamente gelegt hat, ist es die geeinte Stadt. Fortan ist es an Film, Musik, Mode, Kunst und Design, das Neue Berlin zu verkörpern.

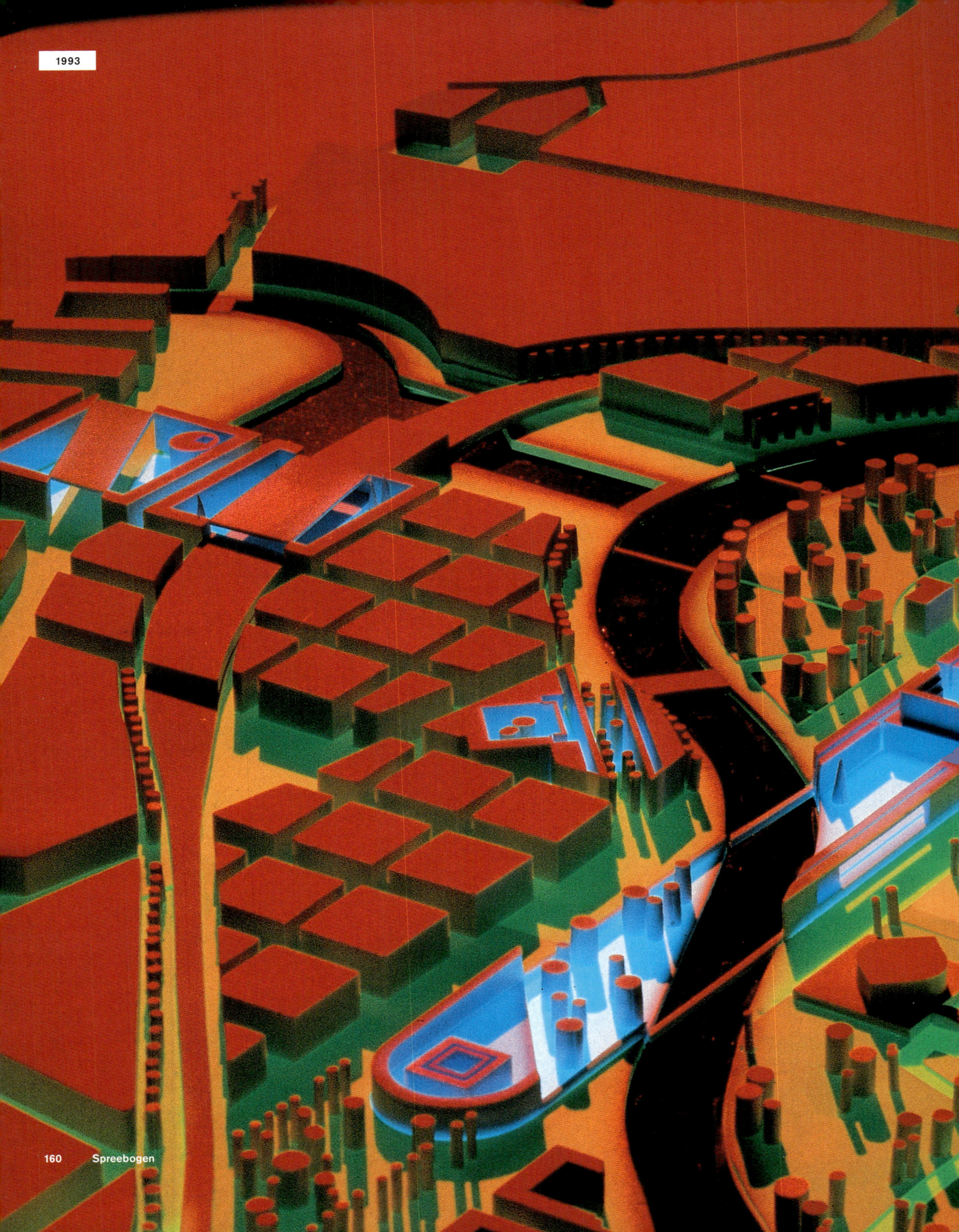

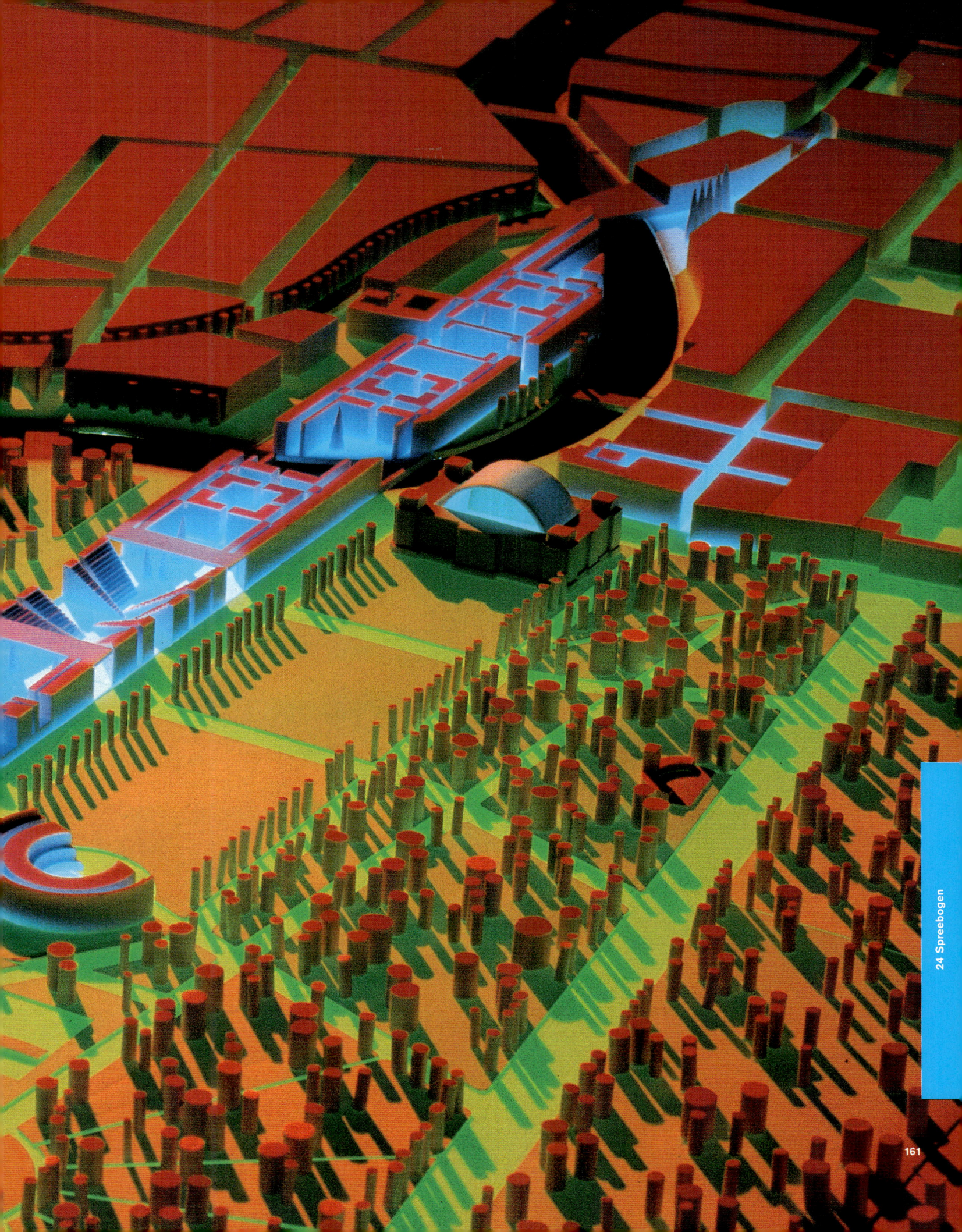
24 Spreebogen

1967

Schutzgraben:
Nie hatte der Spreebogen mit dem anderen Flussufer zu tun gehabt: Hüben lagen der Reichstag und das hochherrschaftliche Alsenviertel, drüben Industriestadtkieze. In den Sechzigerjahren verstärkte sich die Teilung noch: Die Mauer wurde unmittelbar auf die Wasserkante gebaut.

2008

Brücke:
Dem Neuen Berlin gelingt der Brückenschlag. Das Hauptstadtprojekt wächst aus dem Spreebogen über den Fluss, flankiert von Parks und Verkehrsverbindungen im zentralen Bereich. Die Ost-West-Spange aus Parlaments- und Regierungsbauten legt das symbolische Fundament für die Vereinigung des ganzen Lands.

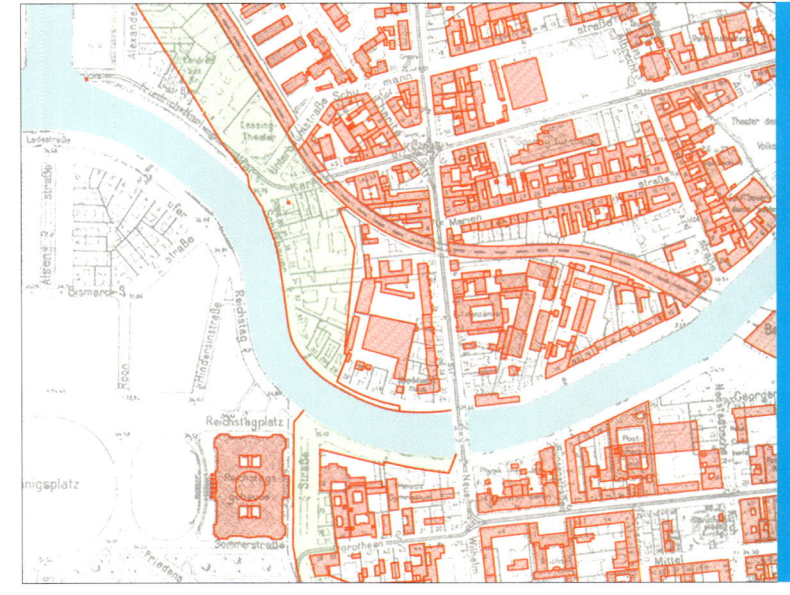

24 Spreebogen

2008

Spreebogen

24 Spreebogen

9. November 1997
Mauergedenkstätte an der Acker-/Ecke Bernauer Straße

9. November 1997: Acht Jahre nach dem Mauerfall beginnt an der Acker-/Ecke Bernauer Straße der Wiederaufbau der Sperranlagen! Höchste staatliche Stellen lassen die zwischenzeitlich geschlagenen Löcher stopfen, die Graffiti mit dem strahlenden Weiß der ersten Stunde überstreichen, in der Lichttrasse durchgebrannte Birnen austauschen und den Todesstreifen frisch harken. Hinzu kommen zwei Stahlwände, die die Original-Mauer in punkto Höhe glatt in den Schatten stellen. Die riesigen, rostigen Spiegel der Architekten Kohlhoff & Kohlhoff riegeln den Todesstreifen nach außen hermetisch ab und verlängern ihn virtuell ins Unendliche!

Natürlich dient das Werk, das am 37. Jahrestag des Mauerbaus vollendet wird, nicht der Abriegelung Berlins. Im Gegenteil: Mit ihm gedenkt das geeinte Deutschland offiziell der Teilung der Stadt. Zum zehnten Jahrestag des Mauerfalls entsteht vis-à-vis des Mahnmals ein Dokumentationszentrum, das kostenlos und schulklassengerecht über die Ereignisse zwischen 1961 und 1989 informiert. Es kommt im ehemaligen Haus der Versöhnungsgemeinde unter und wurde um einen Aussichtsturm erweitert, dessen Stahlkonstruktion an die Drahtsperren um Berlin erinnert. Zugleich legt sich die Versöhnungsgemeinde, die seit jeher beiderseits der Bernauer Straße angesiedelt ist, bis 1999 eine modernistische Holz-Lehm-Architektur zu (Foto rechts unten). Das neue Gotteshaus steht an der Stelle der 1985 gesprengten Kirche (Foto rechts oben) und stellt den am stärksten der Zukunft zugewandten Baustein der Geschichtslandschaft rund um die Ackerstraße dar.

Die drei Kraftakte dort sind durchaus typisch für das deutsch-deutsche Gedenken Ende der Neunzigerjahre. Getreu dem Motto »Die Mauer muss weg«, verschwand das Bauwerk nach 1989 binnen Monaten aus dem Stadtbild. Alle Versuche, auch nur ihren bloßen Verlauf zu markieren, blieben Stückwerk. Als Mauermuseum blieb allein das Haus am Checkpoint Charlie, das sich schon immer der Teilung entgegengestemmt hatte. Was Rainer Hildebrandt und seine *Arbeitsgemeinschaft 13. August e. V.* 1963 ins Leben gerufen hatten, präsentierte weiterhin mit viel Herzblut Mauerschicksale, Fluchtwerkzeuge und Mahnaktionen.

Der Erinnerungsboom beginnt erst um die Mitte der Neunzigerjahre, als die Einheit längst Alltag geworden ist. Mangels Mauer erfolgt das Gedenken verstreut und unter teilweise sehr speziellen Blickwinkeln. So konzentriert sich das Alliiertenmuseum, das 1994 in der Clayallee eröffnet wurde, auf die westlichen Schutzmächte, während das Museum Karlshorst seit 1995 von seinem Standpunkt im ehemaligen Hauptquartier der Sowjets ausgeht. Deutsche Teilungsschicksale beleuchten sowohl das Ex-Notaufnahmelager Marienfelde als auch die Behörde der Bundesbeauftragten für Stasi-Unterlagen sowie die ehemaligen Haftanstalten in Berlin-Hohenschönhausen und Potsdam. Lokale Grenzerfahrungen vermitteln die Wachtürme am Schlesischen Busch, am Kieler Eck, in Bergfelde und Nieder Neuendorf sowie am Grenzübergang Drewitz, in denen Bürgervereine Gedenkräume einrichteten. Aus dem verstreuten Mauergedenken schnürte der Senat 2006 ein Gesamtkonzept. Entlang der Grenze entstand ein Geschichtslehrpfad, der Westberlin lückenlos umrundet. Neben dem Checkpoint Charlie blieb die Bernauer Straße die Hauptanlaufstelle.

1985

2006

25 Acker-/Ecke Bernauer Straße

2009

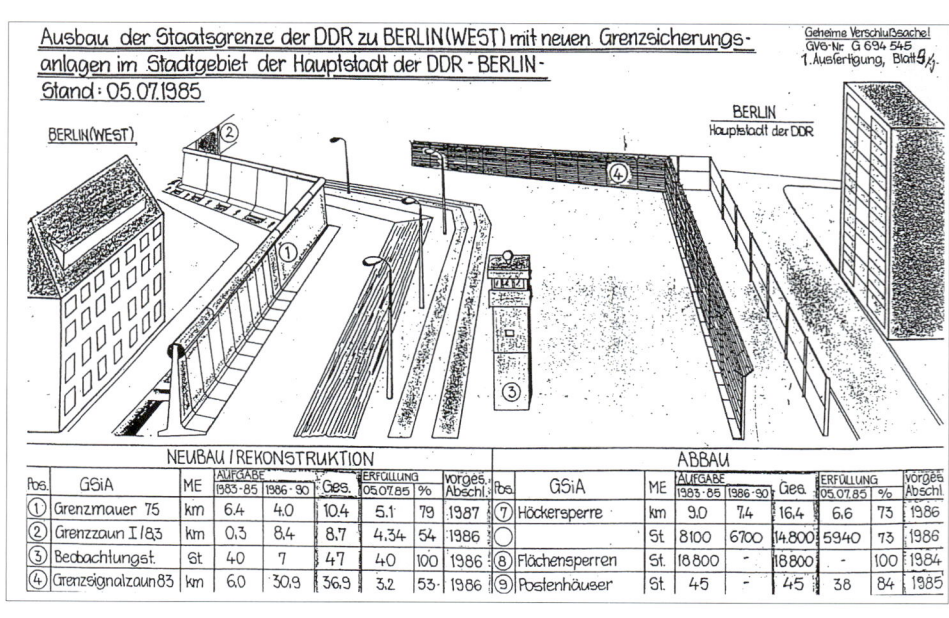

Acker-/Ecke Bernauer Straße

2009

Dramatisch:
In der Bernauer Straße spielen sich stets die spektakulärsten Mauertragödien ab. Höhe Ackerstraße wird mit der Versöhnungskirche, die mitten im Grenzstreifen liegt, schließlich sogar ein Gotteshaus gesprengt (Foto Seite 166 rechts oben).

Episch:
Heute findet sich an der Ackerstraße der zentrale Ort des Mauergedenkens. Nur hier hat sich die Grenze in Gänze, also mit Todesstreifen, Sperr- und Hinterlandmauer, erhalten. Inzwischen wurde sie kunstvoll rekonstruiert und das dazugehörige Dokumentationszentrum sogar erweitert. Anstelle der alten Kirche empfängt die Versöhnungsgemeinde mit einem avantgardistischen Neubau.

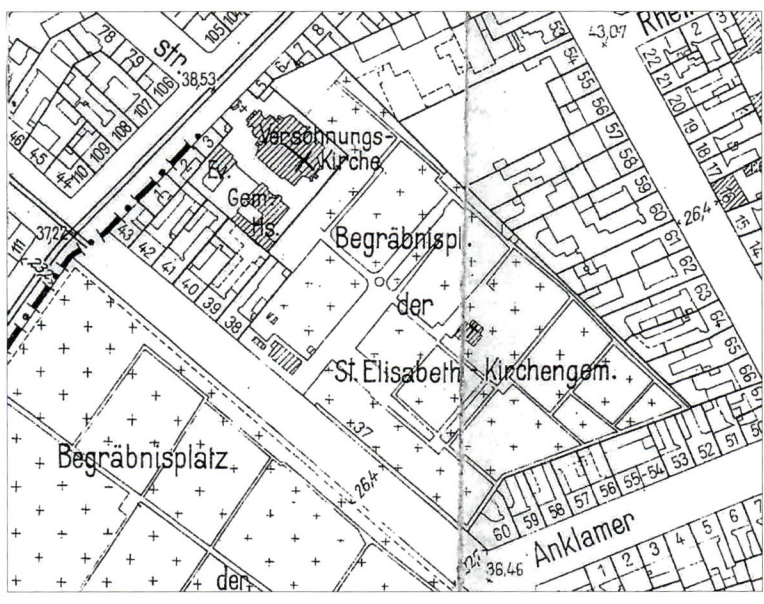

25 Acker-/Ecke Bernauer Straße

25 Acker-/Ecke Bernauer Straße

25 Acker-/Ecke Bernauer Straße

1999
Via Berlin: Der neue Flughafen
Berlin Brandenburg International

1999: Wer vor der Landung in Schönefeld noch eine Warteschleife dreht, kann den Grenzstreifen kaum noch erkennen. Stattdessen bestaunen die Fluggäste eine andere Schneise, die nicht weniger gigantisch ist. So wie es einst die Mauer tat, durchpflügen nun monströse Baumaschinerien die ganze Stadt, nur ein wenig weiter westlich. Sie starten im Norden an der sogenannten Ulbrichtkurve, an der Ost-Berlins S-Bahnen ab Dezember 1961 ohne Westkontakt vom Ring nach Bernau abbogen. Im Zentrum passieren sie Reichstag wie Potsdamer Platz. Und im Süden arbeiten sie sich den Mauerstreifen am Teltowkanal entlang, dem Flughafen Schönefeld entgegen. Tatsächlich bündeln sich hier gleich mehrere Trassen, die alle zum »Verkehrsprojekt Deutsche Einheit« zählen.

Dass die Mauer in ihrem Schatten steht, ist nur natürlich: Ende der Neunzigerjahre sind die bloßen Anschlussprobleme der Grenzöffnung längst bewältigt. Schon drei Tage danach übergaben die Bürgermeister beider Teilstädte, Walter Momper und Erhard Krack, am Potsdamer Platz den ersten offiziellen Mauerdurchbruch dem Verkehr. Bis Mitte April 1990 vervierfacht sich die Zahl der Übergänge und die ersten Buslinien passieren die Mauer. Zum Start der Währungsunion normalisiert sich auch der S- und U-Bahn-Betrieb. Ab 2. Juli herrscht auf der Stadtbahn wieder Durchgangsverkehr. Ab Mitte der Neunzigerjahre verbindet auch die Tram, die der Westen drei Dekaden davor komplett außer Dienst gestellt hatte, beide Stadtteile erneut.

Zur eigentlichen Innovation kommt es im Frühsommer 2006, als die zentralen Verkehrsprojekte eingeweiht werden. Sie verändern die Zugfahrt durch Berlin völlig. Die neue Nord-Süd-Trasse ergänzt die Stadtbahn, die bis dato höchstens Ost und West effizient erschloss. Am Schnittpunkt beider Achsen bekommt Berlin erstmals einen Hauptbahnhof, der diesen Namen verdient. Zusammen mit generalüberholten oder ganz neuen Haltepunkten wie Südkreuz, Potsdamer Platz und Gesundbrunnen entsteht nicht nur ein weiteres Binnennetz. Dank betrieblicher Begleitmaßnahmen reduzieren sich die Fahrzeiten zu ferneren Zielen: nach Warschau, Prag und Budapest um mehr als drei Stunden, nach Frankfurt/Main sogar auf die Hälfte!

Die getrennten Hemisphären endgültig verbinden kann freilich nur das Verkehrsprojekt, auf das sich derzeit alles konzentriert und für das die Trassenbauer Berlin längst hinter sich gelassen haben: Aktuell erweitern sie den ehemaligen DDR-Zentralflughafen Schönefeld, der zu Mauerzeiten sogar einen eigenen Grenzübergang an der Waltersdorfer Chaussee nach sich gezogen hatte, zu Berlin Brandenburg International (BBI). Im Oktober 2011 soll der neue Airport in Betrieb gehen und bis zu 50 Millionen Passagiere im Jahr abfertigen. Ob sich Berlin damit, wie erhofft, zum interkontinentalen Luftkreuz wandelt, ist noch nicht sicher. Der früher französische Flughafen Tegel (Foto ganz unten) wird fortan nur mehr für die deutsche Regierung offen sein. Zu Weihnachten 2008 verabschiedeten sich die letzten Maschinen auch vom Denkmal der amerikanischen Luftbrücke: Tempelhof (Foto unten). Auf dem Rollfeld wächst heute ein Park für die Freizeitgestaltung.

2009

2009

2006

26 Flughafen Berlin Brandenburg International

1990

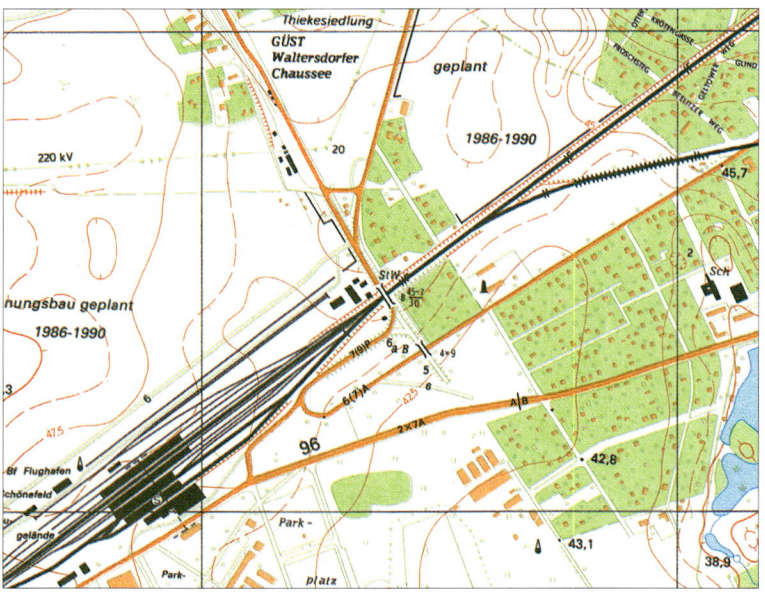

Geteilter Himmel:
Nirgendwo war die Teilung Berlins dermaßen tief greifend wie im Transportwesen. Der einzige Weg, um vom Westteil gen östliche Hemisphären zu starten, war der DDR-Zentralflughafen in Schönefeld. Für die Flugreisenden wurde an der Waltersdorfer Chaussee ein eigener Grenzübergang eingerichtet.

Flughafen *Berlin Brandenburg International*

2009

26 Flughafen Berlin Brandenburg International

Sturmauge:
Nach der Teilung erlebte das Transportwesen Veränderungen. Gigantische Trassen für Bahn und Flugzeug wurden durch die Stadt geschlagen. Die Landeplätze der Nachkriegszeit ersetzt der BBI. Vom Airport-Übergang Waltersdorfer Chaussee bleibt nur eine Landstraße, die den Grenzstreifen kreuzt.

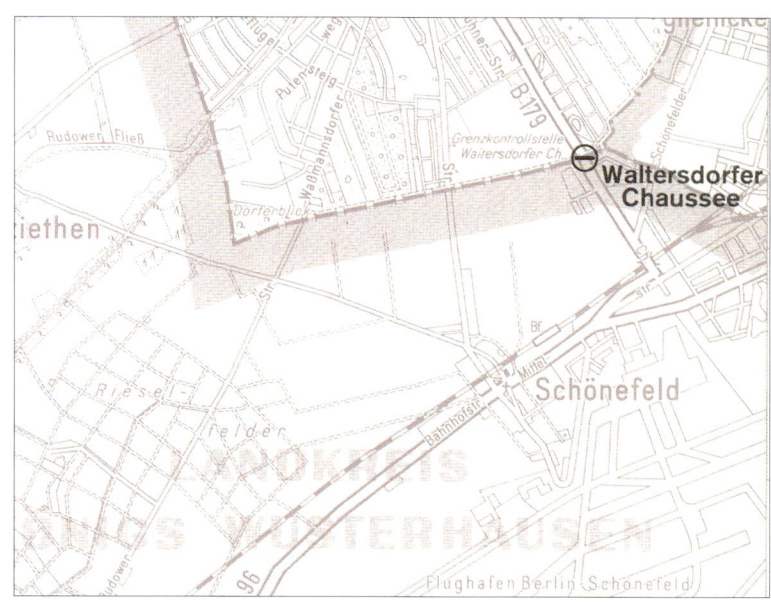

26 Flughafen Berlin Brandenburg International

November 2001
Mauerreste: Zwischen Invalidenstraße und Nordhafen

November 2001: Ein gutes Dutzend Studenten durchkämmt den ehemaligen Grenzstreifen. Unter Anleitung des Cottbusser Denkmalpflege-Professors Leo Schmidt und seines Assistenten Axel Klausmeier sollen sie die Volksweisheit widerlegen, wonach die Berliner Mauer aus dem Stadtbild völlig verschwunden ist. Auch der Senat will wissen, welche Reste von dem Bauwerk noch vorhanden sind. Allein am Berlin-Spandauer-Schifffahrtskanal finden die studentischen Pfadfinder: die Umzäunung des Invalidenfriedhofs, die einst die vorderste Sperre bildete, dazu 64 Segmente Hinterlandmauer, welche durch das Gräberfeld geschlagen worden war, 250 Meter Kolonnenweg, den Turm der ehemaligen Führungsstelle, eine Wand der Vorfeldsicherung, welche heute Mietergärten trennt, sowie einen Grenzstreifen, der bis auf die Neubauten für das Bundeswirtschaftsministerium (Foto rechts unten) sowie die Scharnhorsthöfe immer noch durchweg leer ist.

Gleichwohl fällt die Gesamtbilanz zwiespältig aus. Fast nichts mehr von dem existiert, womit sich die Abriegelung im Westen manifestierte. Nicht einmal zwei Dutzend Grenzbauten stehen unter Denkmalschutz. Echte Kontrollhäuschen sind nur in Dreilinden und am Bahnhof *Friedrichstraße* zu finden, am Checkpoint Charlie gibt es lediglich eine Kopie. Am Checkpoint Bravo sowie an der Bornholmer Straße bleiben immerhin Original-Bodenmarkierungen. Von den einst über 300 Wachtürmen haben sich ganze sechs erhalten: Die Brandenburger Führungsstellen liegen am Grenzübergang Drewitz, in Nieder Neuendorf an der Dorfstraße sowie in Bergfelde an der Klarastraße, die Berliner am Schlesischen Busch und am Kieler Eck. Von den markanten Ausgucken der Serie BT 11 gibt es allein jenen, der nach der Wende von der Stresemann- in die Erna-Berger-Straße versetzt wurde. Am Originalschauplatz steht die letzte Berliner Mauer lediglich an der Liesen-, der Niederkirchner-, der Mühlen- sowie an der Bernauer Straße. Dort sind die Sperranlagen komplett und werden als zentrales Mahnmal konserviert.

Besser sieht es mit allem aus, was die Grenze von Osten unerreichbar machte. Der Mauerstreifen ist kaum von Berlin-Mitte aus verbaut; mehrheitlich bleibt er erkennbar. Ganze Abschnitte verharren weiterhin im Schatten der Hinterlandmauer: Wie am Invalidenfriedhof ist sie auch an der Bösebrücke, im Mauerpark, rund um den Nordbahnhof, am Schiffbauerdamm/Ecke Reinhardstraße (wo sie Ben Wargin zum *Parlament der Bäume* formte), zwischen Schilling- und Oberbaumbrücke sowie östlich der Rudower Höhe unübersehbar. Am durchgängigsten zeigt sich der Kolonnenweg, der sogar bleibenden Nutzen bekam: Ab 2002 baute ihn der Senat zum *Berliner Mauerweg* aus, der ganz Westberlin umrundet.

Noch erstaunlichere Entdeckungen kann machen, wer den Hauptweg verlässt: Da gibt es Grenzverläufe, die durch Gebietsaustausch schon vor 1989 obsolet wurden, dort Rudimente der Mauer der ersten, zweiten und dritten Generation. Allenthalben zeugen Schaltkästen vom längst beräumten Signalzaun. Nördlich des S-Bahnhofs *Wollankstraße* findet sich eine kilometerlange Lichttrasse. Südlich des Ostbahnhofs stehen betonverstärkte Stege in der Spree, die den Fluchtweg über das Wasser versperren. An der Mühlenstraße 78 sowie am Flutgraben grüßen eigens aufgesetzte Dachposten. Noch abenteuerlicher ist, wieviel sich von der Vorfeldsicherung erhalten hat: Werkstore sind nach wie vor mit Stahlplatten verstärkt; friedliche Einfriedungen sind durch Glasscherben, Stacheldraht und Dornen hochgerüstet; Streckmetallzäune schirmen simple Kleingärten ab. Blumenkübel und Rohrbarrieren machen Nebenwege unbefahrbar. Brücken, Unterführungen oder Fenster geben sich durch Gitter gnadenlos sicher.

Am Berlin-Spandauer-Schifffahrtskanal lässt sich inzwischen bewundern, was die Spurensuche der Studenten bewirkte: Bei der denkmalgerechten Rekonstruktion des Invalidenfriedhofs wurde 2003 nicht nur die Grabanlage wieder lesbar. Auch die Hinterlandmauer erhielt Standfestigkeit und Ursprungsanstrich zurück. Beim Wachturm an der Kieler Straße konnte der Abriss verhindert und die Sanierung eingeleitet werden. Jürgen Litfin richtete ihn zur Gedenkstätte für seinen Bruder Günter her, der am 24. August 1961 das erste gezielt getötete Maueropfer wurde.

2006

2006

27 Invalidenstraße und Nordhafen

1961

Verengung:
Die Invaldenstraße war schon vor dem Mauerbau ein Nadelöhr. Die Absperrungen ließen das Areal um den Grenzübergang in Dornröschenschlaf versinken. Die kriegszerstörte Sandkrugbrücke führte den Verkehr behelfsmäßig über den Berlin-Spandauer-Schifffahrtskanal.

Invalidenstraße und Nordhafen

2006

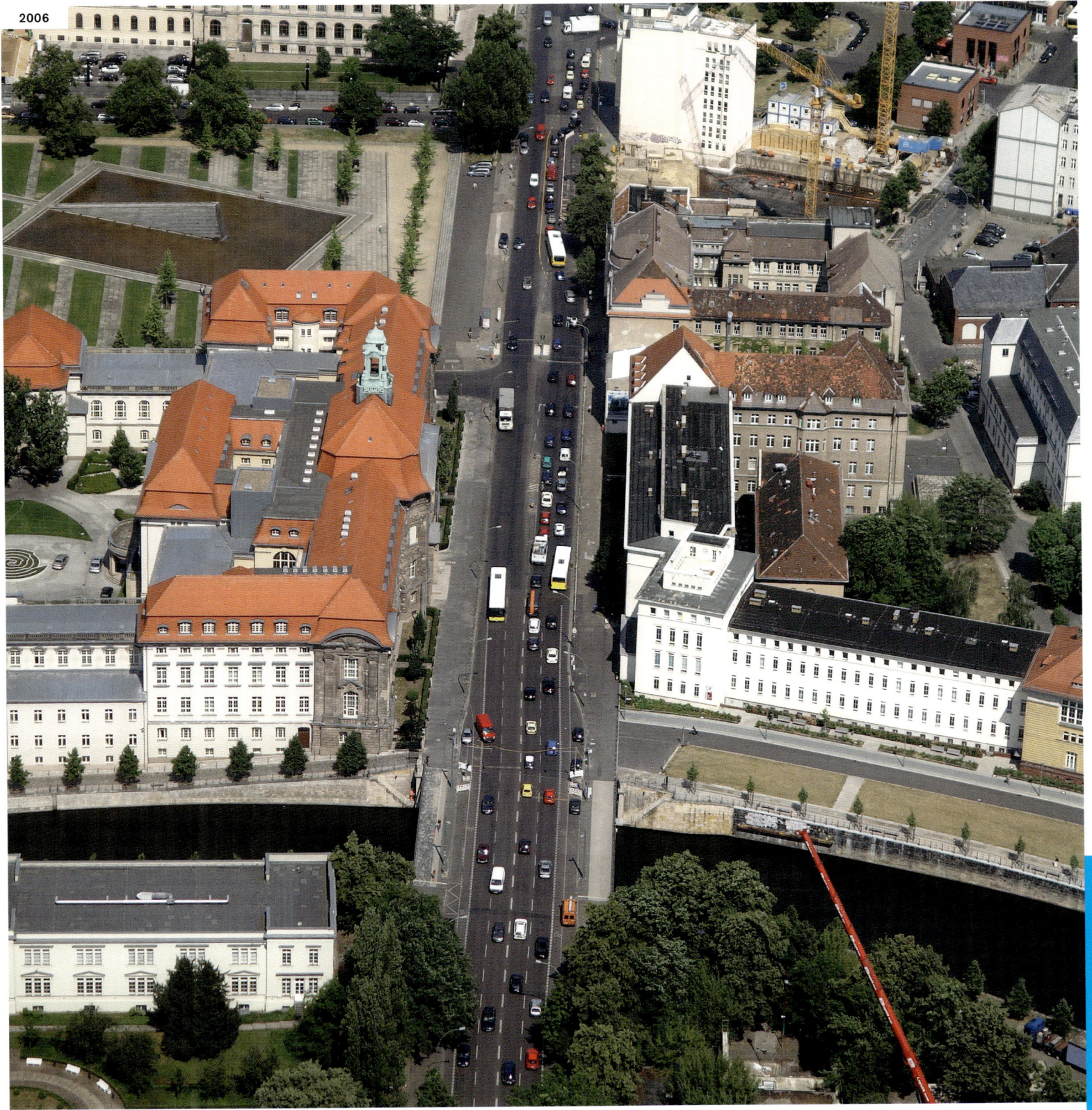

Ausschnitt:
Die 1994 ersetzte Sandkrugbrücke eröffnet ein ungleich weites Panorama auf die Stadt: Die Invalidenstraße bildet heute die Vorfahrt zum neuen Hauptbahnhof. Die versinkende Mauer des Invalidenparks (im Bildhintergrund) symbolisiert den Fall des Eisernen Vorhangs.

27 Invalidenstraße und Nordhafen

1984

Klare Kante:
Zwischen Invalidenstraße und Nordhafen markierte der Berlin-Spandauer-Schifffahrtskanal die Sektorengrenze. Die Mauer schirmte bis in die Achtzigerjahre die Ausläufer der Charité ab, welche der DDR als Regierungskrankenhaus dienten. Beim Invalidenfriedhof pflügte sie mitten durchs Gräberfeld.

2006

Puzzlespiel:
Der Kolonnenweg zwischen Invalidenstraße und Nordhafen wandelte sich zur Uferpromenade. Als »Berliner Mauerweg« passiert sie Segmente des Hinterlandwalls sowie den Beobachtungsturm am Kieler Eck, der heute dem Maueropfer Günter Litfin geweiht ist.

27 Invalidenstraße und Nordhafen

Invalidenstraße und Nordhafen

27 Invalidenstraße und Nordhafen

1959

Karikatur des Kalten Kriegs

Nirgendwo auf der Welt war der Bruch zwischen West und Ost so deutlich und so beklemmend zu spüren und zu sehen wie in der alten deutschen Hauptstadt Berlin. Der Zeichner Werner Kruse mit dem Künstlernamen Robinson illustrierte 1959 – zwei Jahre vor dem Mauerbau – die neun markantesten Grenzübergänge: die Glienicker Brücke, den Zonenkontrollpunkt Heerstraße, Kladower Chaussee, Köpenickerstraße, Brandenburger Tor, Potsdamer Platz, Friedrichstraße, Moritzplatz und Oberbaumbrücke. Große Tafeln wiesen die Westberliner und Besucher aus aller Welt in Englisch, Russisch, Französisch und Deutsch darauf hin, dass sie jetzt die freie Welt verlassen und den von Sowjets beherrschten Teil Deutschlands betreten.

Peter Kruse

BERLIN halb und halb
Gezeichnete Viersektorenstadt
Zeichnungen von Robinson
Texte von Hans Rauschning
Lothar Blanvalet Verlag, Berlin (1959)